Karl Anweiler • Jürgen Plate • Manfred Pahlkötter

Rad- und Kettenfahrzeuge der Bundeswehr

IN DEN 90er JAHREN

Karl Anweiler • Jürgen Plate • Manfred Pahlkötter

Rad- und Kettenfahrzeuge der Bundeswehr

IN DEN 90er JAHREN

Motor
buch
Verlag

Einbandgestaltung: Ina Olenberg
Das Titelbild zeigt den Kampfpanzer LEOPARD 2 A5 und die Mobile Startstation PATRIOT.
Vorsatz: Lkw M.A.N. MULTI, Typ 32.403 VFX
Nachsatz: Transportpanzer 1 SAN mit Zusatzpanzerung

Bildnachweis:
1. Privatarchive:
Karl Anweiler (27), Rainer Blank (2), Herbert Biber (1), Jörg van Essen (MdB) (2), Michael Jerchel (9), Arno Josupat (1), Manfred Pahlkötter (156), Jürgen Plate (113), Axel Schmidt (4), Helmut Thimm (1), Wolfgang Worm (2)

2. Firmenarchive:
Berkefeld/Celle (1), Daimler Benz AG/Stuttgart (1), DASA/Ottobrunn (1), Krauss Maffei AG/München (7), Krupp MaK/Kiel (7), M.A.N. Nutzfahrzeuge (1), Neubrandenburger Fahrzeugwerke (1), Siemens AG/Unterschleißheim (2), Thyssen Henschel/Kassel (4), Volkswagen AG/Wolfsburg (1), Wegmann & Co/Kassel (3), Ahlmann/Rendsburg (1)

3. Bundesdienststellen:
Bundesamt für Wehrtechnik und Beschaffung/Koblenz (15), Bundesministerium der Verteidigung, Presse und Informationsstab/Bonn B. Husten (1), C. Kiesel (4), D. Modes (4), ohne Nachweis (4), PIZ GECONIFOR (L) (4)

ISBN 3-613-01847-0

Ein Unternehmen der Paul Pietsch Verlage GmbH & Co.
1. Auflage 1997

Lektorat: Martin Benz
Innengestaltung: Stefanie Götz
Reproduktionen: Repro Schmid, 70469 Stuttgart
Druck: Rung-Druck, 73033 Göppingen
Bindung: J. Spinner, 77833 Ottersweier
Printed in Germany

Inhalt

I. Geleitwort

von Generalleutnant Helmut Willmann, Inspekteur des Heeres

Liebe Leser,

das vorliegende Buch gibt Ihnen einen anschaulichen Überblick über die heutige und zukünftige Ausrüstung der Bundeswehr mit Rad- und Kettenfahrzeugen, für die ich als Inspekteur des Heeres die Materialverantwortung habe. Diese Ausrüstung spiegelt die Leistungsfähigkeit unserer Industrie wider und hat weltweit einen hohen Standard – in vielen Bereichen nimmt sie eine Spitzenstellung im internationalen Vergleich ein.

Bei allen wahrscheinlichen Einsätzen der Bundeswehr in nächster Zeit steht der Schutz unserer Soldaten im Mittelpunkt; deshalb gilt unser Augenmerk zunächst der Verbesserung der Schutzkomponenten und zwar sowohl bei gepanzerten als auch bei ungepanzerten Fahrzeugen. Die geltenden Rahmenbedingungen zwingen uns allerdings die notwendigen Anpassungen von Schutz, Überlebensfähigkeit und Feuerkraft an die neuen Aufgaben schrittweise zu verwirklichen.

Mit Blick in die Zukunft möchte ich Ihr Augenmerk auf einige der wesentlichen Fahrzeuge richten, die wir im Betrieb haben oder in absehbarer Zeit einführen werden.

Die Truppenteile, die für Krisenreaktionseinsätze vorgesehen sind, müssen vorrangig ausgestattet werden. In diesem Zusammenhang ist die kurzfristige Beschaffung eines gepanzerten und bewaffneten Radfahrzeuges von besonderer Dringlichkeit.

Mit der Einführung der national entwickelten Panzerhaubitze 2000 wird die Artillerie kurz- und mittelfristig ein neues Standardgeschütz erhalten, das die 155 mm Feldhaubitze und langfristig die M 109 G ablösen wird und dann mit dem Führungsverbund ADLER, der intelligenten Munition SMArt und dem Aufklärungssystem KZO einen Artillerieverbund von höchstem internationalen Standard bildet.

Für die gepanzerten Kampftruppen bleiben der kampfwertgesteigerte MARDER 1 A3 und der LEOPARD 2 in seinen verschiedenen Versionen auch in absehbarer Zukunft die Hauptwaffensysteme. Die geplante Kampfwertsteigerung des LEOPARD konzentriert sich kurzfristig auf die Verbesserung des Schutzes und der Führbarkeit, in einem zweiten Schritt auf die Erhöhung der Feuerkraft.

Die Versorgung von Kräften außerhalb Deutschlands erfordert Transportmittel, die auch in Regionen ohne ein leistungsfähiges Straßen- und Wegenetz und angesichts unterschiedlichster Bedrohungsszenarien erfolgreich eingesetzt werden können. Ein neues gepanzertes Transport Kfz soll den überalterten M 113 Mitte des nächsten Jahrzehnts ablösen, später auch den TrspPz FUCHS.

Die Radfahrzeuge, die wir heute nutzen, werden schrittweise durch die 3. Generation abgelöst. Dabei sorgt ein modulares Baukastenkonzept, einschließlich eines modularen Schutzes, für eine große Zahl gleicher Komponenten. Den Kern dieser Generation bilden die Lastkraftwagen von 2 bis 14 to Nutzlast. Hierbei ist die Ausstattung mit dem modernen Wechselladesystem MULTI für das Erreichen der notwendigen Leistungen hinsichtlich Transport und Umschlag von enormer Wichtigkeit. Ein 1. Los ist bereits seit 1996 im Zulauf.

Liebe Leser, das vorliegende Buch gibt damit einen komprimierten Überblick über die heutige und zukünftige Ausrüstung der Bundeswehr mit Rad- und Kettenfahrzeugen und macht es zu einem interessanten, bebilderten Nachschlagewerk.

Bonn, 03. Juni 1997

H. Willmann

Helmut Willmann
Generalleutnant
Inspekteur des Heeres

II. Vorwort

Im Jahre 1995 jährte sich zum 40. Mal der Gründungstag der Bundeswehr. Nicht zuletzt die Ereignisse zur deutschen Wiedervereinigung mit Auflösung der NVA und der Zerfall des Warschauer Paktes haben zu einem grundlegenden Strukturwandel innerhalb der Bundeswehr geführt.

Parallel zu den in dieser Zeit durchgeführten UN-Einsätzen in Kambodscha, Irak, Somalia und während des noch andauernden Konfliktes im ehemaligen Jugoslawien begann die Ablösung der 2. Fahrzeuggeneration.

Sie findet ihre Ursprünge im Konzept »Ungepanzerte Radfahrzeuge 90« (URF-90). Diese neue Fahrzeuggeneration wird die Bundeswehr in das nächste Jahrtausend begleiten.

Das erweiterte Aufgabenspektrum der Streitkräfte führt dazu, daß verstärkt Fahrzeuge und Gerät für die Krisenreaktionskräfte beschafft werden. Für andere Truppenverbände (Hauptverteidigungskräfte) werden langfristig ähnliche Beschaffungsmaßnahmen erfolgen.

Auch bei den gepanzerten Fahrzeugen laufen derzeit eine Vielzahl von Erprobungs- und Beschaffungsmaßnahmen. Akzente hat in den neunziger Jahren der LEOPARD 2 A5 gesetzt. Seine Beschaffung bzw. Umrüstung wird langfristig zur Herauslösung der letzten Kampfpanzer Leopard 1 A5 aus der Truppe führen.

Letztendlich werden für Einführung und Beschaffung die Haushaltsmittel von großer Bedeutung sein.

Eine Anzahl von Publikationen, unter anderem die Text/Bildbände »Die Rad und Kettenfahrzeuge der Bundeswehr von 1956 – 1986« (Anweiler/Blank) und »Die Fahrzeuge der Reichswehr, Wehrmacht und Bundeswehr« (W. Oswald) haben zum Thema Fahrzeuge der Bundeswehr Stellung bezogen.

Der vorliegende Text/Bildband möchte einen Überblick über die derzeitige und künftige Ausrüstung der Bundeswehr mit Rad- und Kettenfahrzeugen geben. Durch intensive Recherchen und eine Fülle von neuem Bildmaterial ist es den Autoren gelungen, dies festzuhalten und zu dokumentieren. Gleichwohl kann aus Platzgründen nicht alles dargestellt werden.

Unser Dank gilt den Dienststellen der Bundeswehr in Ost und West, den Firmen Berkefeld, Faun, IVECO, Krauss-Maffei, MaK-Kiel, M.A.N., Mercedes Benz, Neubrandenburger Fahrzeugwerke, Siemens Wehrtechnik, Thyssen-Henschel, Wegmann-Kassel, Zeppelin-Mobile Systeme GmbH, der Volkswagen-AG sowie vielen Bundeswehr-Interessierten für ihre freundliche Unterstützung.

Bonn, im April 1997

Karl Anweiler
Jürgen Plate
Manfred Pahlkötter

III. Einführung

Schon früh war man sich in der Bundeswehrführung darüber im klaren, daß nach Einführung des zunächst schnellstens zu beschaffenden Erstbedarfs (bis Mitte der sechziger Jahre) an Fahrzeugen verschiedener Tonnageklassen und Hersteller eine konsequente Vereinheitlichung und Standardisierung erfolgen mußte. Bereits in den sechziger Jahren begann man mit der Entwicklung einer neuen Fahrzeuggeneration, die der Typenvielfalt ein Ende bereiten sollte.

Besonders bei den geländegängigen Radfahrzeugen wurde zielstrebig in diese Richtung gearbeitet. Inzwischen findet man diese Fahrzeuge bei allen Truppengattungen. Die Flugabwehrraketensysteme »PATRIOT« und »ROLAND« mit ihren Sonderfahrzeugen, das Faltstraßenverlegesystem, Gittermasten für Funk und Radar, Raketenwerfer und Pioniergerät auf geländegängigen Radfahrzeugen verladen, gehören zu dieser Fahrzeugfamilie.

Auf dem handelsüblichen Sektor (tmil) hat man dagegen aus Kostengründen und auch im Rahmen der Arbeitsplatzsicherung diesen einheitlichen Weg verlassen und verstärkt auf Fahrzeuge des zivilen Marktes zurückgegriffen.

Bedingt durch die deutsche Wiedervereinigung wurde der fiktive Fahrzeugbestand der Bundeswehr durch zur Sichtung übernommenes Gerät und Fahrzeuge der ehem. NVA beträchtlich erweitert.

Zu diesem Zweck wurde, beginnend ab 1990, im Heeresamt eine Geräteliste erstellt, auf der die zu übernehmenden Fahrzeuge und Geräte in drei Kategorien eingeteilt waren:

- Kategorie I weitere Verwendung in der Bundeswehr
- Kategorie II vorübergehende Nutzung
- Kategorie III keine weitere Nutzung und sofortige Verwertung

Es galt, die Vielfalt von ca. 120 000 Radfahrzeugen (Lkw, Anhänger, Pkw) und ca. 8000 Kettenfahrzeugen der einzelnen Typenklassen zu bewerten. Letztendlich wurde im Vergleich zu den vorhandenen Stückzahlen nur ein geringer Teil in die Bundeswehr übernommen. So fanden sich Fahrzeuge aus DDR-Produktion (IFA, Multicar und Wartburg), aus tschechischer Produktion (TATRA), aus ungarischer Fertigung (IKARUS) und nicht zuletzt Fahrzeuge aus der ehem. Sowjetunion (KAMAZ, KRAZ, URAL und ZIL).

Seit 1997 werden diese Fahrzeuge, bis auf wenige Ausnahmen, nicht mehr im Bestand der Bundeswehr geführt.

Für die in den letzten Jahren durchgeführten UN-Einsätze von Truppenkontingenten der Bundeswehr in Kambodscha und Somalia und den noch andauernden Einsatz von SFOR Truppen im ehem. Jugoslawien mußten wegen des erweiterten Auftrages neues Gerät und Fahrzeuge beschafft werden. Erfahrungen wie in Somalia, wo zur Sicherstellung der Wasser- und Betriebsstoffversorgung noch teilweise auf US-Gerät zurückgegriffen werden mußte, sollten sich nicht wiederholen.

Bei der Neubeschaffung von Fahrzeugen bemüht man sich in verstärktem Maße, diese in das Vorhaben »ungepanzerte Radfahrzeuge 90« (URF 90) zu integrieren.

Wesentliche Forderung bei allen künftigen Beschaffungsmaßnahmen mit mehr als 2 t Nutzlast wird die Sitzmöglichkeit für drei Soldaten, die Ruhemöglichkeit für zwei Soldaten (Schlafkabinen), sowie Luft- und Seeverlastbarkeit sein.

Höchste Mobilität ist für Fahrzeuge der Krisenreaktionskräfte dabei ein Muß. Möglichen Bedrohungssituationen bei UN-Einsätzen durch Infanteriewaffen, Schützenabwehrminen und sekundäre Splitterwirkung kann speziell bei ungepanzerten Transportfahrzeugen durch eine Zusatzpanzerung begegnet werden. Die exponiertesten Teile sind dabei die Fahrerkabine, Motor, Getriebe, Differentiale und ähnliches. Mit Panzerglas und modularen Schutzelementen aus Verbundstoffplatten kann dieser Schutz erreicht werden. Einsatzerfahrungen mit den ersten Fahrzeugen in Kroatien haben dazu geführt, diese Fahrzeuge mit einer integrierten Klimaanlage zu versehen.

Den veränderten Aufgaben der Streitkräfte Rechnung tragend, teilte man die Radfahrzeuge in die neu definierten Mobilitätsstufen A, B und D ein, welche den Grad der Geländegängigkeit bezeichnen.

Den höchsten Stellenwert erhielt dabei die **Mobilitätsstufe A.** Diese Anforderung ist bereits bei den militärischen Sonderentwicklungen der 2. Kraftfahrzeuggeneration verwirklicht worden.

Die **Mobilitätsstufe B** richtet sich stark an der Geländegängigkeit von Baustellenfahrzeugen aus.

Fahrzeuge der **Mobilitätsstufe D** werden ausschließlich auf festen Straßen eingesetzt.

Diese Grundfahrzeuge bilden die Basis für folgende Varianten:

Kipper, Sanitätsfahrzeuge, Containerfahrzeuge, Systemträger, Fahrschulfahrzeuge und Lkw mit Ladebordwand sowie Lkw mit Ladekran.

Die Mobilitätsstufe C entspricht nicht mehr dem Einsatzprofil der URF 90 und wird künftig wegfallen.

Gegliedert ist das Vorhaben »Neue Kraftfahrzeuggeneration« wie folgt:

Kräder
Pflichtenheft der militärischen Forderung wird derzeit erstellt.

Handelsübliche Pkw und KOM
Handelsübliche Pkw und KOM werden fortlaufend aus zur Verfügung stehenden Haushaltsmitteln nachbeschafft.

Kleine Klasse Lkw
Mit der derzeit laufenden Auslieferung des Geländewagens Mercedes Benz G-250 Wolf ist diese Klasse bereits realisiert und befindet sich in der Abschlußphase der Beschaffung.

Lkw 1, 2 und 3
werden den Kern der neuen Radfahrzeugfamilie bilden (2 t, 4 t, 7 t und 10 t-15 t). Ausgestattet zur Aufnahme von Kabinen und Rüstsätzen, Norm- und Funktionscontainern (z.B. containerisierte Feldküche, Feldlazarett und Gefechtsstände).

Wechselladesystem MULTI
Beschaffung in der Mobilitätsstufe A und B vorgesehen (vorrangig wird die Auslieferung der Mobilitätsstufe A vorangetrieben).

Sattelzüge 1 und 2
unterteilt in zwei Kategorien:

Sattelzug 1
(Nutzlast 25 t) mit Sattelauflieger für Container, Sattelauflieger Pritsche und Spezialauflieger.

Sattelzug 2
(Bis 65 t) als Sattelauflieger für Schwerstlasten, z.B. für Kpz LEOPARD 2 als Sonderentwicklung und Sattelauflieger für Schwerstlasten bis 65 t (hü).

Feuerlösch-Kfz
Feuerlösch-Einsatzleit-Kfz, Feuerlösch-Kfz (Mehrzweck) und Feuerlösch-Kfz (schwer).

Tankfahrzeuge
Straßentankwagen (STW schwer 8x8), Straßentankwagen (STW schwer 8x4), Flugfeldtankwagen (FTW mittel 6x6), Flugfeldtankwagen (FTW mittel 6x4), Enttankungsfahrzeug (4x2), Tankanhänger und Flugfeldtanksattelzug (FTSZg) mit zweiachsigem Tanksattelauflieger und dreiachsiger Sattelzugmaschine.

Anhänger
Neubeschaffung durch Modifizierung der bewährten 2. Fahrzeuggeneration (geänderte Bestimmungen der StVZO, technologische Entwicklung).

Ähnlich wie bei der neuen Radfahrzeuggeneration zeichnet sich auch bei den gepanzerten Rad- und Kettenfahrzeugen eine gewisse Orientierung am Beschaffungsbedarf der Krisenreaktionskräfte (KRK) ab. Die Forderung nach Luftverlastbarkeit und Panzerschutz ist die Prämisse bei den leichten Fahrzeugen.

Priorität haben daher der leichte gepanzerte Spähwagen (FENNEK), das Vorhaben »Leicht gepanzerte, luftverladbare Führungs- und Transportkraftfahrzeuge« mit den Basisfahrzeugen WIESEL 2 und BV-206 S HÄGGLUND sowie das leichte Flugabwehrsystem der Heeresflugabwehrtruppe, überwiegend mit dem Basisfahrzeug WIESEL 2 ausgerüstet.

Für die geplante mittelfristige Teilablösung des MTW M 113 und Übernahme von Aufgaben des Tpz 1 FUCHS ist ein gepanzertes Transport-Kraftfahrzeug (GTK) geplant. Seit dem 15. Mai 1996 wird das GTK als trilaterales Projekt in Zusammenarbeit mit Frankreich und Großbritannien betrieben. Die Auslieferung des ersten Serienfahrzeuges ist für 2004 geplant.

Bei den anstehenden größeren Projekten heißt es, der zukünftigen Bedrohung durch neue Kampfpanzerkonzepte und deren Technologien, u.a. einer starken Hauptbewaffnung, zu begegnen. Die Kaliber-Entwicklung geht daher immer mehr in Richtung 140 mm. Ob dieses Kalibers jedoch noch in das Waffensystem LEOPARD 2 integriert werden kann, ist offen.

Bei der Artillerie wird neben laufenden Projekten für neue Aufklärungssysteme die Beschaffung der Panzerhaubitze 2000 vorangetrieben. Die PzH 2000 wird zunächst die Feldhaubitze 155-1 ganz und später die Panzerhaubitze M 109 A3 G schrittweise ersetzen.

All diese Maßnahmen tragen langfristig dazu bei, die Bundeswehr mit modernstem Gerät auszustatten, Kosten zu sparen und im Hinblick auf die Personalreduzierung einen hohen Grad der Einsatzbereitschaft zu gewährleisten. Gleichwohl wird sich dieser Modernisierungsprozeß über viele Jahre hinweg erstrecken. Es ist durchaus möglich, daß es durch knappe Haushaltsmittel auch zu Streichungen oder Verschiebungen kommen kann.

Die Ausstattung der Bundeswehr wird in zunehmendem Maße von den Anforderungen im Zusammenhang mit Auslandseinsätzen geprägt, den Sicherheitsbedürfnissen des einzelnen Soldaten wird dennoch höchste Priorität eingeräumt.

IV. Ausrüstung der Bundeswehr

1. Zweiräder

Auch in Zeiten modernster Nachrichtentechnik kann auf den Krad-Melder nicht verzichtet werden. Eine Vielzahl verschiedener Motorradtypen, die in den Anfangsjahren entweder auf dem Zivilmarkt gekauft oder 1956 vom Bundesgrenzschutz (BGS) übernommen wurden , waren bei der Bundeswehr im Einsatz.

Die ab 1969 eingeführte Hercules K 125 1 der Nürnberger Herculeswerke hat sich zum Standardkrad der Bundeswehr entwickelt. 1984 wurde das verbesserte Modell Hercules K 125 1A1 beschafft. Wesentlicher Unterschied zur K 125 1 mit Schwingarmgabel waren der Einbau einer neuen Teleskopgabel, Schutzbleche aus Kunststoff sowie rechteckige Scheinwerfer.

1992, acht Jahre später, wurde mit der Hercules K 180 das vorläufig letzte Modell einer geländegängigen (gl) Motorradbaureihe eingeführt.

Bedingt durch die Übernahme von Fahrzeugen der NVA, sind bei Bundeswehrverbänden in Ostdeutschland auch Motorkräder aus DDR-Produktion vorhanden. Zu finden sind die ETZ 250 und ETZ 250A, beide nicht geländegängig, sowie die geländegängige TS 250/1/A, die alle vom ehem. IFA Kombinat für Zweiradfahrzeuge Zschopau hergestellt wurden. Auch diese Ausstattung ist nur als Übergangslösung anzusehen.

Neben diesen Motorkrädern finden sich noch das sogenannte »Frad« (Bundeswehr-Fahrrad) und als »Krad l« (Kraftrad leicht) das Moped 50, die von den Firmen Rex, Hercules und Zweirad-Union hergestellt wurden.

Bei den Feldjägereinheiten sind für Repräsentationsaufgaben die BMW R 60/5, das Kraftrad R 80 in verschiedenen Versionen und seit 1995 die BMW K 75 vorhanden.

Mit der K 75 wurde ein Motorrad eingeführt, das allen Anforderungen der Abgasvorschriften und dem neuesten Stand der Technik entspricht.

Die DKW-Prima 2 mit 1 Zylinder 1,1 kW (1,5 PS) Motor wird als Kleinkraftrad (Moped) bei der Bundeswehr geführt. Auch andere Hersteller, wie die Firma Rex, gehören zu den Lieferanten. Eingesetzt werden diese Fahrzeuge für Fahrten innerhalb von Bundeswehrliegenschaften.

Hercules K 125 A1. Beschafft ab 1984 als Nachfolger der K 125 1. Wesentlicher Unterschied zum Vorgängermodell sind eine Teleskopgabel, Kunststoffschutzbleche sowie ein rechteckiger Schweinwerfer. Techn. Daten: Luftgekühlter Einzylindermotor, Motorleistung 9,2 kW (12,5 PS), max. Geschwindigkeit 100 km/h, Steigfähigkeit 55%, Hubraum 122 cm³, zulässiges Gesamtgewicht 300 kg.

Das vorläufig letzte bei der Bundeswehr eingeführte geländegängige Motorrad der Kradmelder, ist die ab 1992 beschaffte Hercules K 180 mit Leistungsbeschränkung. Techn. Daten: Motorleistung 13 kW (17,7 PS), max. Geschwindigkeit 110 km/h, Hubraum 178 cm³, zulässiges Gesamtgewicht 300 kg.

Die Motorräder der Feldjäger-Eskorte sind die BMW R 60/5 und die BMW R 80 mit Verkehrswarnanlage. Sie werden von den Feldjägerbataillonen in Bonn und Berlin hauptsächlich bei Repräsentationsaufgaben eingesetzt. Im Bild eine BMW R 80 mit luftgekühltem 2-Zylinder-Viertakt-Boxermotor und hängenden Ventilen in V-Form.
Techn. Daten: Motorleistung 37 kW (50 PS), max. Geschwindigkeit 100 km/h, Hubraum 798 cm³, zulässiges Gesamtgewicht 440 kg.

1995 erhielten die Feldjäger die BMW K 75. Das Krad hat einen in Längsrichtung angeordneten Dreizylinder-Viertakt-Reihenmotor in Kompaktbauweise mit zwei obenliegenden Nockenwellen, Flüssigkeitskühlung, elektronischer Einspritzung, Schubabschaltung sowie mikroprozessorgesteuerter Digitalzündanlage.
Techn. Daten: Motorleistung 55 kW (75 PS), max. Geschwindigkeit ca. 200 km/h, Hubraum 740 cm³, zulässiges Gesamtgewicht 400 kg.

Krad ETZ-250 A. Als letztes Militärkrad führte die NVA 1983 die ETZ-250A ein. Die Bundeswehr teilte eine größere Anzahl in die Kategorie I – zu übernehmendes Gerät – ein. Derzeit befinden sich nur noch zwei ETZ-250 A in den Inventurlisten (1997). Die ETZ-250A soll hier stellvertretend auch für die – ebenfalls von der Bundeswehr übernommenen – Kräder ETZ-250 und TS-250/1/A stehen.
Techn. Daten: Motorleistung 12,5 kW (20 PS), Hubraum 243 cm^3, maximale Geschwindigkeit 100 km/h, Fahrbereich 440 km, Steigfähigkeit 65%.

2. Handelsübliche Personenkraftwagen

Mit der Beschränkung auf wenige Muster und der Einteilung in die Gewichtsklassen leichte, mittlere, mittelschwere und schwere Pkw wurde Ende der siebziger Jahre die vorherrschende Typenvielfalt bei der Bundeswehr eingeschränkt. Die in allen Standorten, sowohl bei der aktiven Truppe und bei Standortverwaltungen (StOV) vorzufindenden handelsüblichen Pkw, laufen im traditionellen »oliv« und vereinzelt im Flecktarnanstrich. Um Kosten zu sparen, sieht man immer mehr Fahrzeuge in handelsüblichen Farben. Rot-lackierte Pick-Ups von SEAT und Renault, dunkelblaue VW-Golf, weinrote BMW oder blaue Daimler-Benz sind keine Seltenheit mehr. Durch hohe Kilometerleistung und dem dadurch resultierenden Verschleiß, ist ein ständiger Wechsel bei den Modellen der einzelnen Klassen festzustellen. Bemerkenswert ist, daß der in größeren Stückzahlen vorhandene VW-Passat ab dem Modelljahr 1988 durch den Opel-Kadett abgelöst wurde, jedoch nur unter dem Aspekt der wahrscheinlich günstigeren Abgabepreise des Herstellerwerkes Opel.

Bei den Ostverbänden der Bundeswehr waren 1996 noch Fahrzeuge der Marken Wartburg (Automobilwerke Eisenach), aus russischer Produktion WAZ, UAZ aber auch vereinzelt Volvo und Citroen vorzufinden, die von der NVA übernommen wurden. Dies geschah, da nach der deutschen Wiedervereinigung nicht genügend Fahrzeuge aus westlicher Produktion zur Verfügung standen. Ab 1997 werden diese Fahrzeuge ausgesondert.

Der VW Golf I, Typ 173 mit 1,6 l Dieselmotor, 40 kW (54 PS), max. Geschwindigkeit 143 km/h, Baujahr 1980-1983, wurde nur in geringen Stückzahlen beschafft. So als Pkw leicht für zivile Bundeswehrdienststellen. Der Golf in seinen verschiedenen Ausführungen löst den immer noch vorhandenen VW-Käfer ab.

Bereits 1985 begann man, nur noch Fahrzeuge mit Dieselmotoren zu beschaffen. Zwischenzeitliche Versuche mit Rapsöl als Alternativtreibstoff wurden in den achtziger Jahren über einen längeren Zeitraum durchgeführt, jedoch wieder eingestellt. Diese Fahrzeuge waren durch eine Aufschrift an der Seitentür besonders gekennzeichnet.

Neben den traditionellen Einsatzaufgaben, Personentransport und Kurierdienst, spielt die Rangstellung der zu befördernden Personen nach wie vor eine große Rolle. Die in den letzten Jahren beschafften Daimler-Benz Limousinen der Baureihe 200-220 oder Audi-100 bezeugen dies.

Zu erwähnen ist, daß auch Fahrzeuge im Ausland, wie Spanien, Frankreich und in den Vereinigten Staaten, für Verbindungsstäbe und Ausbildungseinrichtungen der Luftwaffe angekauft wurden.

Spezialfahrzeuge bei Feldjägereinheiten oder beim MAD ergänzen die Ausstattung. So findet man gepanzerte Limousinen von Daimler-Benz (420 SE), BMW (Baureihe 735), aber auch Einzelstücke der verschiedensten Firmen, die allerdings mit Zivilkennzeichen nicht als Bundeswehrfahrzeuge zu erkennen sind.

Aufgrund der in den nächsten Jahren neu zu beschaffenden handelsüblichen Kleinfahrzeuge aller Klassen und auch unter Berücksichtigung der hohen Stückzahlen, ist dies für Anbieter ein interessanter Markt. Ob dies auch ausländische Firmen nutzen können, bleibt dabei ein interessanter Aspekt.

Pkw leicht, VW Golf II, bis 1988 Typ E 19, ab 1989 Typ 1 G, 4-türig, 1,6 l Dieselmotor mit 40 kW (54 PS), max. Geschwindigkeit 148 km/h. Eingesetzt als Chef-Kfz auf Kompanieebene.

Seit 1992 wird der VW Golf III, Typ H 1, beschafft. Der Antrieb erfolgt über einen 1,9 l Dieselmotor mit 47 kW (64 PS); max. Geschwindigkeit 156 km/h.

Der Kadett E Caravan wurde ab 1989 mit einem 1,7 l Dieselmotor mit 42 kW (57 PS), max. Geschwindigkeit 153 km/h, ausgestattet. Versuchsweise fuhr das Fahrzeug mit Bio-Diesel und wurde auch als Feuerwehr-Einsatz-Kfz eingesetzt.

Die Feldjäger wurden ab 1989 mit dem Opel Kadett E Caravan für Rüstsatz-Funkanlage SEM 25/35 ausgestattet.

Zivile Dienststellen der Bundeswehr fahren seit 1991 den Opel Astra A Caravan mit 1,7 l Dieselmotor 45 kW (61 PS), max. Geschwindigkeit 149 km/h.

Der Opel Corsa wurde 1996 als Dienstfahrzeug für Standortverwaltungen und militärische Dienststellen beschafft.

Der VW 32B Passat C, 1,6 D, max. Geschwindigkeit 143 km/h, in Tarnfarben dürfte eine Seltenheit sein, da der sogenannte Fleckenplan für Pkw und Busse sofort nach Erscheinen ungültig wurde und keine weiteren Fahrzeuge mehr in Tarnfarben zur Auslieferung kamen.

Seit 1985 wird der Passat Variant C, 1,6 D, gebaut, jedoch nur in den Farben RAL 6014 gelboliv - bzw. marineblau für zivile Dienststellen - geliefert.
Techn. Daten: Motorleistung 40 kW (54 PS), max. Geschwindigkeit 140 km/h.

Als Pkw mittel 2 hü wurde von 1986 bis 1990 der Opel Omega A, 2,3 D, 4-türig hergestellt und ausgeliefert.
Techn. Daten: 54 kW (73 PS), max. Geschwindigkeit 163 km/h.

Der Opel Vectra B, 1,7 D, wurde ab 1993 mit neuer Front und ausschließlich in dunkelblau an die Bundeswehr geliefert.
Techn. Daten: 1,7 l Turbodiesel, 60 kW (82 PS), max. Geschwindigkeit 149 km/h.

Mercedes E 200, Typ 124 in dunkelblau. Techn. Daten: 2,0 l Benzinmotor, 100 kW (136 PS), max. Geschwindigkeit 200 km/h.

Pkw mittelschwer Mercedes Typ 124, 200 D. Dienstwagen eines Divisionskommandeurs. Techn. Daten: 2,0 l Dieselmotor, 55 kW (75 PS), max. Geschwindigkeit 160 km/h.

Personenkraftwagen P 601 Trabant der Automobilwerke Sachsenring Zwickau, seit 1981 für die NVA beschafft. Der viersitzige »Trabi« hat einen 2 Zylinder Zweitaktmotor mit 19 kW (26 PS), Antriebsformel 4x2, Frontantrieb, max. Geschwindigkeit 100 km/h, Radstand 2020 mm. Er wurde jedoch nur in geringen Stückzahlen von der Bundeswehr übernommen. Nach Inventurliste war am 31.12.1994 nur noch ein Fahrzeug im Bestand.

Der Wartburg P 353 wurde seit 1966 für die NVA beschafft. Hersteller waren die Automobilwerke Eisenach. Durch die kaum vorhandene Modellpflege änderte sich das Erscheinungsbild der P 353 über die Jahre kaum. Wie beim »Trabi« handelt es sich um einen Zweitakter mit Frontantrieb, 4x2, jedoch mit Dreizylindermotor, 36,8 kW (50 PS), max. Geschwindigkeit 130 km/h. Inventurbestand am 31.12. 1996: 12 Fahrzeuge.

1987 in die NVA eingeführt, war der WAZ 2107 der Automobilwerke Togliatti/UdSSR am Tage der Wiedervereinigung mit 93 Fahrzeugen vertreten. Auch die Bundeswehr konnte auf den WAZ 2107 nicht verzichten, so daß fast alle Fahrzeuge übernommen wurden. Inventurbestand am 31.12.1996: 9 Fahrzeuge.
Techn. Daten: 4-Zylinder 4-Taktmotor, 4x2 Hinterradantrieb, Motorleistung 55,2 kW (75 PS), max. Geschwindigkeit 150 km/h.

Den Citroen BX 16 RS beschaffte die NVA ab 1984. Das Fahrzeug wurde vor und nach der Wende, wie auch sein stärkerer »Bruder« BX 19 TRS, als Kommandeursfahrzeug eingesetzt. Motorleistung 66 kW (90 PS), max. Geschwindigkeit 176 km/h. Ein Bestand von 23 Fahrzeugen wurde 1990 übernommen; Ende 1996 waren noch zwei Fahrzeuge vorhanden.

3. Geländegängige Kleinfahrzeuge

Nach fast 35 Jahren Bundeswehr wurde mit Einführung des Mercedes-Benz Geländewagens 250 GD im November 1989 endlich ein geländefähiges Fahrzeug der Truppe übergeben, das in allen Punkten dem entsprach, was man sich anfangs von einem Geländewagen erhofft hatte. Beginnend im Jahre 1954 mit der Vorstellung von Prototypen der Firmen Auto-Union, Goliath, Porsche und bis zur Serienfertigung des Modell F 91/4-900 von Auto-Union im Jahre 1956 (5376 Stück) und einem weiteren Los (ab 1958) von ca. 20.000 Stück, wurde nach einem Geländewagen gesucht, der diesen hochgesteckten Anforderungen entsprach.

1962 versuchte man das Konzept »Europa-Jeep« zu verwirklichen. Italien, Frankreich und die Bundesrepublik Deutschland schlossen zu diesem Zweck einen Entwicklungsvertrag, der jedoch an die beteiligten Firmen sehr hohe Anforderungen stellte, die nicht zu erfüllen waren. Allein die Forderung der Schwimmfähigkeit des Fahrzeugs bereitete großes Kopfzerbrechen. Das Vorhaben »Europa-Jeep« wurde 1975 wieder aufgegeben. Mittlerweile war aber der eingeführte DKW-Jeep »MUNGA« restlos veraltet und mußte ersetzt werden.

Anfang 1976 wurde der VW-Konzern beauftragt, DKW war in der Zwischenzeit von Volkswagen aufgekauft worden, einen neuen Geländewagen auf der Basis des MUNGA zu entwickeln. Diesmal machte man Kompromisse und übernahm erprobte Teile anderer Fahrzeuge, unter anderem den Motor des VW-Passat. Das Fahrzeug wurde auf den Namen »ILTIS« getauft. Insgesamt 8.000 Fahrzeuge wurden

Der Lkw 0,5 t tmil gl VW 183 ILTIS wurde von 1978 bis 1981 mit Benzinmotor und ab 1986 bis 1988 mit Turbo-Dieselmotor beschafft. Techn. Daten: Bezinmotor 1,8 l, 55 kW (75 PS), Turbodiesel 1,6 l, 51 kW (70 PS).

Der ILTIS kann die verschiedensten Rüstsätze transportieren. Im Bild das Gefährt des Richtkreistrupps einer PATRIOT-Einheit.

für die Bundeswehr beschafft. Als Schwächen zeigten sich Kippneigung, kleinere Motor-, Kupplungs- und Lenkungsprobleme, sowie Schäden an der Bremse bei Wasserfahrten. Lediglich einige »ILTISSE« werden bei Erscheinen dieses Buches noch vorhanden sein.

Als die Bundeswehr 1984 erneut Bedarf an ILTIS-Fahrzeugen anmeldete, konnte man bei Audi-Ingolstadt nicht mehr liefern, da die Fertigungsstraße nach Kanada verkauft wurde.

Das BWB entschloß sich daher, ein kleineres Kontigent des Typ-183 mit Turbo-Dieselantrieb in Kanada zu beschaffen.

Nicht unerwähnt bleiben darf noch ein weiteres sogenanntes Geländefahrzeug, der Kübelwagen VW 181. Zwar nur als Zwischenlösung gedacht, wurde er in großen Stückzahlen beschafft. Überall dort, wo keine Geländegängigkeit gefordert war, ersetzte der VW 181 den Aufgabenbereich des »MUNGA« und »ILTIS«. Dieser Fahrzeugtyp ist wie seine Vorgänger ausnahmslos aus der Truppe herausgelöst und über die VEBEG verkauft worden.

1987 entschloß man sich, eine internationale Ausschreibung für die Beschaffung von 17.000 handelsüblichen Lkw-gl (leicht) herauszugeben. Von den acht Unternehmen, die sich an der Ausschreibung beteiligten, blieben schließlich zwei Firmen, Daimler-Benz und VW, übrig. Im Erprobungsvergleich stand unter anderem auch das Geländefahrzeug von IVECO/FIAT, Typ 40-8 AW. Die Wahl fiel auf den Geländewagen Typ 250 GD, von DAIMLER-PUCH. Das Kuriose an der Geschichte ist, daß dieser Geländewagen bereits bei Beschaffung des VW-ILTIS auf dem zivilen Markt, jedoch in anderer Ausführung angeboten wurde. Zunächst wurden Natodienststellen (X-Kennzeichen) mit diesen Wagen ausgestattet, um Erfahrungen zu sammeln. Auch die Amtshilfe des BGS wurde genutzt. Im Jahre 1988 wurde beschlossen, den Daimler-Benz 250-GD in einer Stückzahl von 12.000 Fahrzeugen in verschiedenen Varianten bei der Truppe einzuführen. Ein Großteil der Fahrzeuge in den Grundvarianten wurde inzwischen ausgeliefert. Fahrzeuge mit verschiedenen Rüstsätzen (siehe Tabelle) laufen den einzelnen Truppenteilen zu.

Rüstsätze für Mercedes-Benz Geländewagen Typ 250 GD
kleine Klasse, Lkw gl leicht

Grundvariante offen kurz, Radstand 2400 mm
Rüstsatzträger für:
- 1 oder 2 Funkgeräte SEM 80/90 (Fu1/Fu2 SEM 80/90)
- 1 oder 2 Funkgeräte SEM 25/35 (Fu1/Fu2 SEM 25/35 Feldjäger)
- Feldkabelbau-Trupp 5

Grundvariante offen kurz LL, Radstand 2400 mm
Rüstsatzträger für:
- 1 oder 2 Funkgeräte SEM 80/90 Fu1/Fu2 SEM 80/90
- Panzerabwehrwaffe Milan
- FuB5 (Luftlandeversion Fu2 SEM 80/90)
- Feuerleittrupp Mörser
- vorgeschobener Beobachtertrupp Mörser
- Mörser 120
- Gerätetransport (7 Beladeversionen)
- Munitionsfahrzeug TOW
- Variante ausschließlich für Personentransport (mit modularer Schutzausstattung)

Grundvariante offen lang, Radstand 2850 mm
Rüstsatzträger für:
- Richtkreistrupp-/Erkundungstrupp Artillerie
- Zugführer MLRS ARES

Grundvariante lang, Radstand 2850 mm
- Feuerwehr-Leitfahrzeug mit Hardtop

Variante lang, Radstand 3120 mm
- SAN-Variante mit Kofferaufbau

Mercedes-Benz Geländewagen Typ 290 GD, Radstand 2850 mm
Umstellung auf, stärkeren Motor
- LL-SAN-Variante
- Variante mit integriertem Schutz

Aus Beständen der NVA wurden von der Bundeswehr auch Geländewagen übernommen. So wurden der LADA, der UAZ 469 B, sowie seine modernere Version, der UAZ 315136 in geringen Stückzahlen genutzt.

Zusammenfassend kann gesagt werden, daß die Bundeswehr mit dem Geländewagen Mercedes-Benz 250 GD WOLF ein brauchbares und technisch ausgereiftes Fahrzeug besitzt.

VW 183 ILTIS mit Rüstsatz »SAN« für den Transport von zwei Verwundeten.

In der ersten Ausführung (1. Los) wurde der Mercedes Benz 250 GD, kurz, ohne Innenspiegel und Kopfstützen ausgeliefert.
Techn. Daten: Motorleistung 68 kW (93 PS), Hubraum 2500 cm³, 5-Zylinder Dieselmotor, max. Geschwindigkeit 123 km/h, Radstand 2400 mm.

Modifizierter 250 GD der Fernmeldetruppe mit zwei Funkanlagen SEM 80/90.

Mercedes Benz 250 GD in der Luftlandeversion (kurz LL); erkennbar an der Öse hinter der aufgeklappten linken Seitentür. Ebenfalls zu erkennen ist der »Rüstsatz-Panzerabwehrwaffe MILAN«.

Als Erprobungsfahrzeug für die Feuerwehr-Einsatzleitung diente ein Mercedes Benz 250 GD lang mit geschlossenem Aufbau. Ausgewählt wurde jedoch der VW T 3, Doppelkabine mit Kastenaufbau und Allradantrieb. Da VW jedoch die Produktion des T 3 einstellte, wird derzeit wieder der Mercedes Benz 250 GD erprobt.

Für Zugführer-Kfz ARES wurde ab 1993 der Mercedes Benz 250 GD lang mit Doppelfenster in der Plane, als Fahrzeug für Richtkreistrupp-Artillerie mit Einfachfenster beschafft. Radstand 2850 mm.

Mercedes Benz 250 GD SAN, Typ 461.4, als Sonder-Kfz Krankenkraftwagen mit aufgesetztem Shelter der Firma Zeppelin. Eingesetzt wird das Fahrzeug bei den Krisenreaktionskräften und bei Luftlandeeinheiten. Dort löst er den KRAKA ab.
Techn. Daten: Dieselmotor mit 68 kW (93 PS), Hubraum 2497 cm^3, Länge 5280 mm, Breite 2250 mm, Höhe 2950 mm, Radstand 3012 mm, Gesamtgewicht 3500 kg.

	Sitzende Soldaten	Liegende Soldaten
Variante 1	- 6 -	entfällt
Variante 2	- 4 -	- 1 -
Variante 3	- 1 -	- 2 -

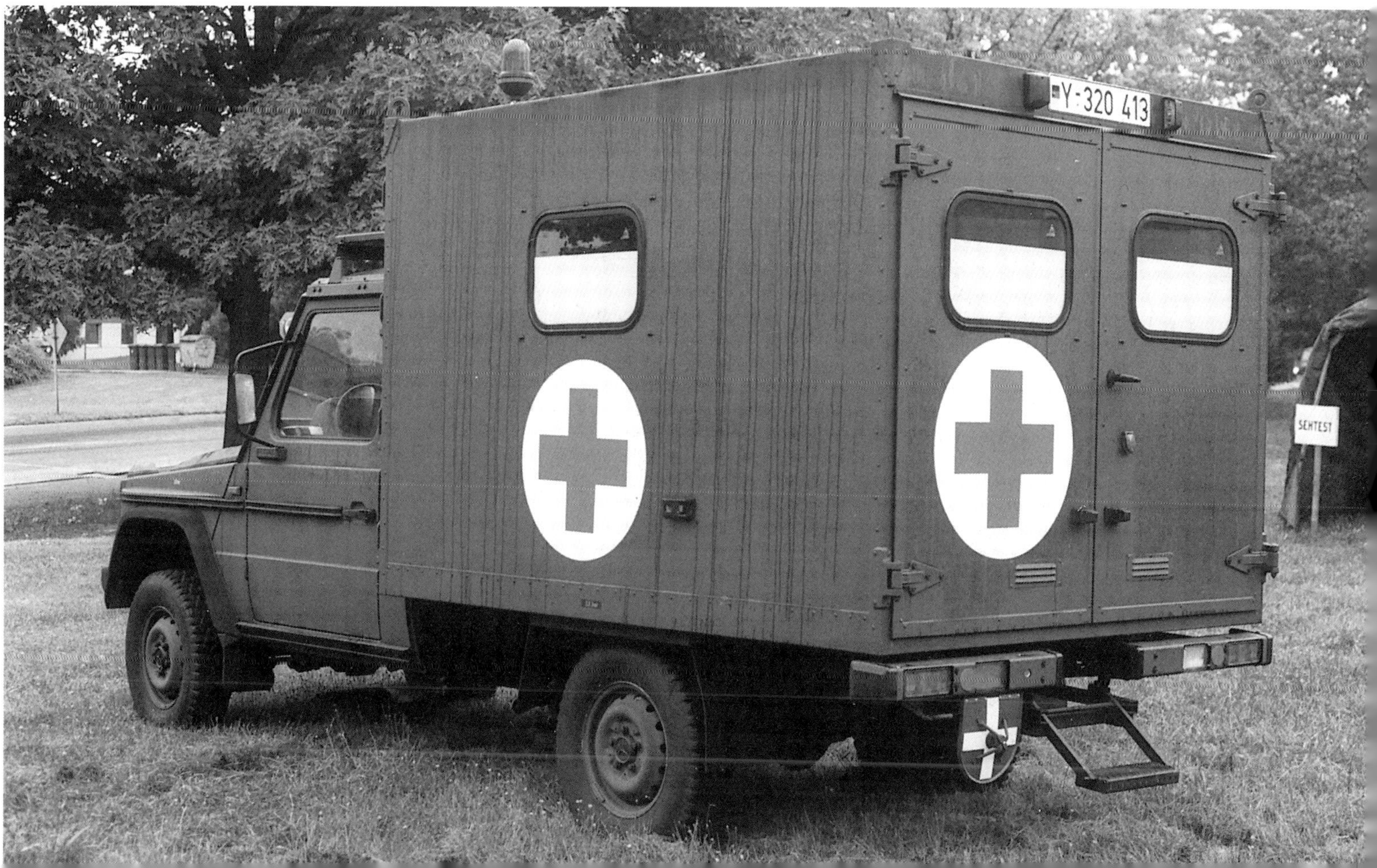

UAZ 315136 als Feuerwehreinsatz-Kfz auf dem Flugplatz in Preschen. Das Fahrzeug ist eine Weiterentwicklung des UAZ 469 B, den die NVA 1974 einführte. Nicht mehr im Bestand.
Techn. Daten: Motorleistung 59 kW (80 PS), Hubraum 2445 cm³, 4-Zylinder Reihenmotor, Allradantrieb 4x4, Steigfähigkeit 62%, max. Geschwindigkeit 105 km/h, zulässige Dauergeschwindigkeit 90 km/h, Fahrbereich 620 km.

WAZ 2121 als Dienstfahrzeug einer Bundeswehreinheit in Storkow/Brandenburg. Seine zweite Bezeichnung lautet LADA NOVA. Hersteller waren die Automobilwerke Togliatti/UdSSR. 1984 in die NVA eingeführt. Nicht mehr im Bestand. Techn. Daten: Motorleistung 55,8 kW (76 PS), Hubraum 1570 cm^3, 4-Zylinder Reihenmotor, Allradantrieb 4x4, Steigfähigkeit 60%, max. Geschwindigkeit 130 km/h, zulässige Dauergeschwindigkeit 100 km/h, Fahrbereich 320 km.

4. Kleintransporter

In der vierten Generation eingeführt, gehören die Kleintransporter der Volkswagen AG zu den zahlenmäßig am stärksten vertretenen Fahrzeugen der Bundeswehr.

Angefangen mit dem Typ T-1 – geteilte Frontscheibe, Motorleistung 10,5 kW (30 PS) bis 31 kW (42 PS) – über den Typ T-2 mit durchgehend gewölbter Frontscheibe und einer Motorleistung von 34,5 kW (47 PS) bis 51,5 kW (70 PS), bis hin zum Typ T-3 – gerade, durchgehende Frontscheibe, eckige Kanten, Motorleistung 36,8 kW (50 PS) bis 51,5 kW (70 PS) – sind diese Fahrzeuge für die vielfältigsten Aufgaben im Einsatz.

Waren in den Anfangsjahren nur der Kombi und Bus vorhanden, kamen mit dem Typ T-2 ab 1967 verstärkt die Ausführung Doppelkabine mit fünf Sitzplätzen und kurzer Pritsche sowie die Ausführung Einfachkabine mit langer Pritsche in den Bestand.

1989 fiel der Beschluß zur Einführung von 17.000 geländegängigen Fahrzeugen, davon 12.000 Mercedes Benz 250 GD, und 5.000 Einheiten in Form handelsüblicher Kleintransporter. Dieser Beschluß führte zur Erprobung, beziehungsweise zur Beschaffung, von einigen VW-Syncro, entweder als DOKA-Military mit Feuer-

VW Typ 23 mit Beobachtungskanzel. Eingesetzt als »Mobil Tower« auf Truppenübungsplätzen. Das abgebildete Fahrzeug ist auf dem Fliegerhorst Büchel stationiert.

wehrrüstsatz im Alu-Container oder als voll geländegängige Sanitätswagen (Versuchsmuster). Eine endgültige Entscheidung über eine Einführung der Syncro-Fahrzeuge steht allerdings noch immer aus (April 1997).

Mittlerweile gehen der Truppe Fahrzeuge der Typreihe T-4 in Kombi, Bus- und Pritschenversion zu. Bei diesen Fahrzeugen wurde das Erscheinungsbild total verändert und die Motorleistung auf 57 kW (78 PS) angehoben.

Durch Übernahme von Gerät der ehemaligen NVA kam ab 1990 eine größere Anzahl von Kleintransportern des Modells BARKAS in den Bestand der Bundeswehr. Als Pritschenfahrzeug, Kombi und Bus wird der BARKAS jedoch nur bei den Bundeswehr-Ostverbänden eingesetzt. Er dient zur Überbrückung, bis genügend Fahrzeuge der VW Typenreihen zur Verfügung stehen.

Auf lange Sicht sind die Fahrzeuge der Volkswagen AG ein unverzichtbarer Faktor zur Aufrechterhaltung der Transportleistungen. Der immense Bedarf an solchen Fahrzeugen dürfte in nächster Zeit auch andere Firmen auf den Plan rufen. So verwundert es nicht, daß Fahrzeuge der Firmen Renault und Ford getestet wurden.

VW Doppelkabine Typ 247, mit 1,7 l Motor, 42 kW (57 PS), als Vorausfahrzeug für Schwertransporte.

VW Doppelkabine Typ 247, 1,6 D, eingesetzt auf dem Fliegerhorst Goose Bay in Neufundland/Kanada.

Einsatzleitfahrzeug der Fliegerhorst-Feuerwehr in Oldenburg ist ein VW Typ 247, 1,6 D, 4x4 mit Feuerlöschaufbau der Firma Ziegler. Beschafft wurden nur wenige Fahrzeuge dieses Typs.

VW Typ 253, 1,7 D, des Richthofen-Geschwaders mit Rüstsatz »Einweisungs-Kfz für Fremdflugzeuge«. 8 Sitze, 42 kW (57 PS), Radstand 2460 mm.

VW Typ 253, 8 Sitze, 1,7 D mit Einbausatz Funkanlage SEM 25/35. Bedingt durch den Einbau von zwei Funkgeräten stehen nur noch 3 Sitzplätze zur Verfügung.

VW Typ 253, 8 Sitze, 1,6 TD, 4x4 in dunkelblau mit rechteckigen Scheinwerfern und gelber RKL. Das Fahrzeug wird in Goose Bay/Kanada als Line-Taxi genutzt.

In Somalia wurde dieser VW Typ 253, 1,7 D, 4x4, als Feldjäger-Dienstfahrzeug eingesetzt. Eingerüstet ist der Rüstsatzträger Funk.

VW T4, 70M, Doppelkabine in mediumblau, eingesetzt bei zivilen Dienststellen.
Bei der Truppe ist das Fahrzeug in bronzegrün und im Dreifarben-Flecktarnanstrich im Einsatz.
Dieselmotor 2,4 l, 51 kW (70 PS), Radstand 3320 mm.

VW T4, 70C, Pkw mit 8 Sitzen. Bei der Truppe in den Farben bronzegrün und im Dreifarben-Flecktarnanstrich eingesetzt. Dieselmotor 2,4 l, 51 kW (70 PS), Radstand 3320 mm.

VW T4, 70J, mit Hochdach, 2,4 l Dieselmotor 57 kW (78 PS), Radstand 3320 mm.
Meßfahrzeug für Lärm- und Bebenmessung bei der WTD in Meppen.

VW-Pritsche, Typ T 4, mit MBB Förder- und Hebesystem, Ausführung GIRAFFE.
Einzelfahrzeug der StOV München.

Ein Einzelstück ist dieser VW Typ 291, LT 40 TD, Allrad, in Ausführung SAN mit 2,4 l, 70 kW (95 PS) Turbo-Dieselmotor und Radstand 2950 mm.

Notarztwagen des Marinearsenals Wilhelmshaven, Typ 281, LT 31 D von VW. Ehemaliges Erprobungsfahrzeug und Einzelstück aus einem Vergleichstest mit dem Mercedes L 508 DG/28.
Techn. Daten: Hubraum 2384 cm^3, 55 kW (75 PS), Radstand 2950 mm.

Der Renault Espace RXE-Injection, 2,1 l, 65 kW (88 PS) Turbodiesel, Farbe weiß. Ein Exote unter den Bundeswehrfahrzeugen und nur als Einzelstück vorhanden.

Ab 1992/93 beschafften die Wehrbereichsverwaltungen im süddeutschem Raum den SEAT Terra in rot, dunkelblau und grün als Kombi für Handwerker der StOV. Techn. Daten: Dieselmotor 1,4 l, 35 kW (48 PS), Radstand 2398 mm.

Ehemaliger KrKw Ford Transit 100, umgebaut zum Radar-Erprobungsträger.

Als Meßfahrzeug für die Wehrwissenschaftliche Dienststelle Munster wurde ein Fiat Ducato 14 beschafft, der an besonders gefährdeten Stellen (Flugplätze, Kfz-Höfe) Schadstoff-Messungen durchführt. Techn. Daten: Turbo-Dieselmotor 2,5 l, 70 kW (95 PS), Radstand 3653 mm.

BARKAS B 1000 Pritsche mit Plane und Spriegel. Über 220 Fahrzeuge verzeichneten die Bestandslisten der NVA. Auch die Bundeswehr übernahm eine große Anzahl dieser Fahrzeuge, von denen 1995 noch einige im Dienst waren.

BARKAS B 1000 Sanitätskraftfahrzeug, hergestellt von den BARKAS-Werken der ehemaligen DDR. Ab 1962 begann die NVA mit der Einführung des Sankra. Der Aufbau besteht aus einem geschlossenen Kasten mit drei Seiten- und einer Hecktür. Im Fahrzeug ist Platz für drei Sitze und eine Liege. Angetrieben wird der BARKAS von einem 34 kW (46 PS) Zweitaktmotor; max. Geschwindigkeit 100 km/h. Seit 1995 sind diese Fahrzeug nicht mehr im Bestand der Bundeswehr.

5. Kraftomnibusse (klein und groß)

Was wären Flugtage oder sonstige Veranstaltungen der Bundeswehr ohne den Einsatz von Kraftomnibussen (KOM) zur Bewältigung der Besucherströme? Aber auch im täglichen Einsatz kann die Truppe nicht auf dieses Transportmittel verzichten.

Eine nicht unerhebliche Anzahl von Bussen, KOM kl (klein) und KOM gr (groß) befindet sich seit Aufstellung der Bundeswehr in ihrem Bestand. Derzeit sind Fahr-

Bei der Bundeswehr jahrelang als Kleinbus geführt, wird der Mercedes Benz 0 309D mit 21 Sitzen jetzt nach und nach ausgesondert. Er wird vom IVECO-Fiat Daily ersetzt. Techn. Daten: Motorleistung 63 kW (85 PS), Hubraum 3785 cm³, 4-Zylinder Reihenmotor, Frontlenker, Hinterachsantrieb 4x2, Radstand 3500 mm, Watfähigkeit 300 mm, max. Geschwindigkeit 91 km/h, Fahrbereich 530 km, 1 + 21 Sitzplätze.

zeuge der Firmen Daimler-Benz, SETRA, IVECO, aber auch ungarische Fahrzeuge im Einsatz. In Friedenszeiten mit normaler Bestuhlung von 39 Sitzen ausgestattet, werden diese Fahrzeuge im Verteidigungsfall als KOM gr (KrKw gr) mit speziellen Rüstsätzen, wie zum beispiel einhängbare Tragen, ausgestattet. Bei Kleinbussen ist seit Jahren der Daimler Benz Typ 309 D als Standardfahrzeug eingeführt, jedoch kamen in der letzten Zeit einige Fahrzeuge von IVECO (Turbo-Daily 45-10) hinzu. Ältere Fahrzeuge der Daimler-Benz-Serie werden nach diversen Umbauten als Wehrdienstberatungsstellen eingesetzt und aufgebraucht. Ein Einzelstück ist der bei der WTD-91 in Greding eingesetzte Datenerfassungsbus SETRA S 140 ES. Die in den früheren Jahren eingesetzten Bildschirmfahrzeuge (Röntgen) sind bis auf ein paar Fahrzeuge der Firma SETRA, Typ S 215 RL, weitestgehend aus dem Bestand verschwunden.

Kraftomnibusse aus Beständen der ehem. NVA werden von Verbänden der Bundeswehr-Ost genutzt. Diese Fahrzeuge aus Ungarn (IKARUS-Werke) und aus DDR-Produktion (ROBUR) fallen besonders durch ihre Farbgebung auf.

Einige »Exoten« findet man bei den in den Vereinigten Staaten und in Kanada stationierten Bundeswehreinheiten. Die gelbe Lackierung der von GMC, Bluebird Sales, Ford und El Dorado angekauften Fahrzeuge erinnert an Schulbusse, wie man sie von den in Deutschland stationierten Amerikanern kannte.

Seit 1992 wird der IVECO-Fiat A 45-10.1 Daily mit 19 Sitzplätzen als Kraftomnibus klein (KOM kl) beschafft. Techn. Daten: Dieselmotor 2,5 l, 2499 cm³, 76 kW (103 PS), Radstand 3950 mm.

Der IVECO A 45-10.1 Daily weist innerhalb der Serie kleinere Abweichungen auf. Während das zuvor abgebildete Fahrzeug eine Heckklappe besitzt, erhielt dieses Hecktüren.

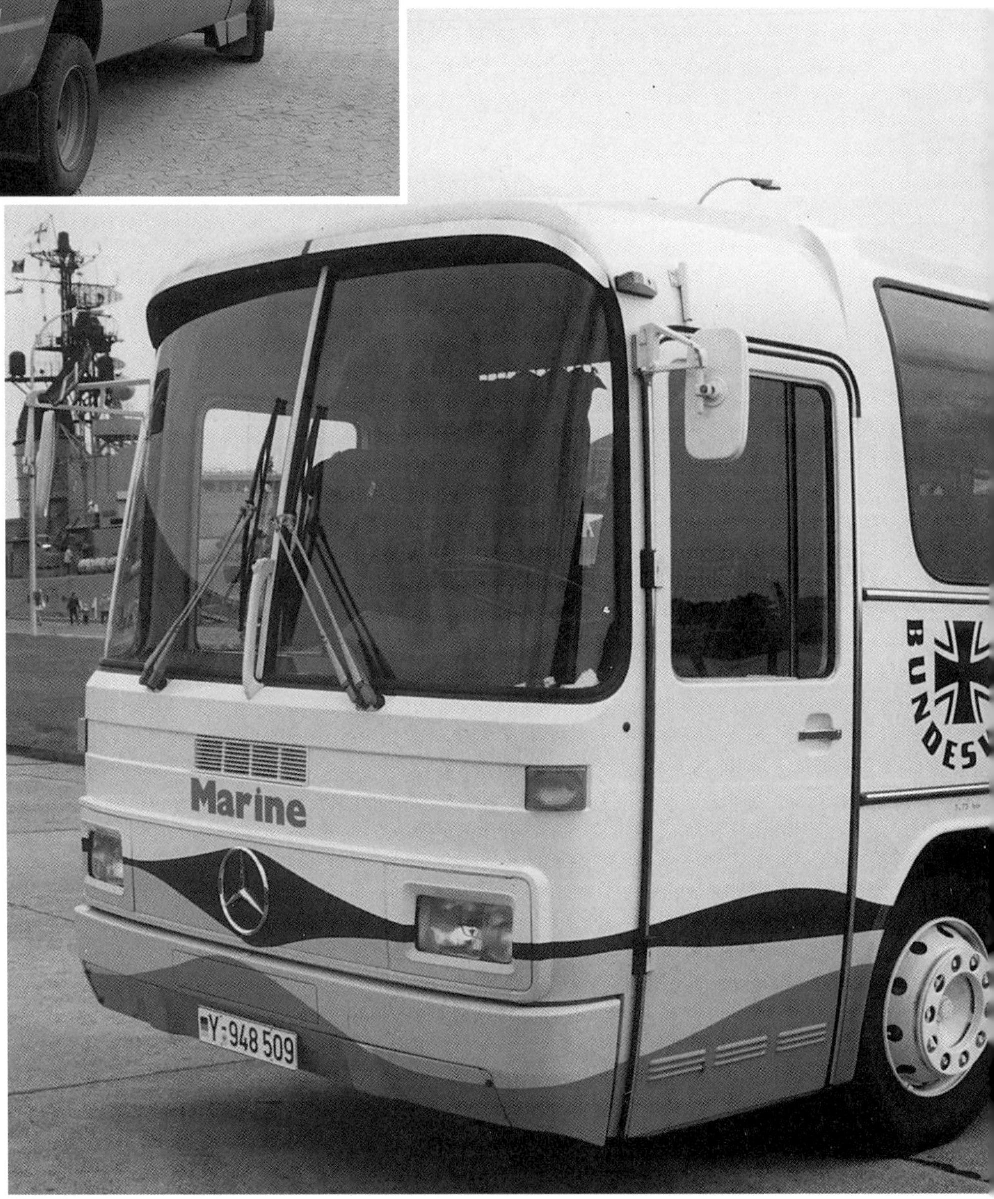

Zu Erprobungszwecken wurden zwei Mercedes Benz O 611D, (KOM kl) in der Farbe DB 6235 grün beschafft. Der Bus bietet jedoch nur Platz für 16 Personen. Techn. Daten: Dieselmotor 4 l, 3972 cm^3, 77 kW (105 PS), Radstand 3700 mm.

Zum Ausstellungsstand für Nachwuchswerbung der Marine wurde dieser Mercedes Benz O 303 KR umgebaut. Man beachte die Vorhänge an den Fenstern; das Fahrzeug dient als Konferenz- und Videobus. Techn. Daten: Dieselmotor 2499 cm^3, 141 kW (192 PS), Radstand 5083 mm.

Mit neuer Frontpartie ausgestatteter O 303 KR von Mercedes Benz. Gebaut wurde dieses Modell von 1981 bis 1983. Techn. Daten: Dieselmotor 10,9 l, 159 kW (216 PS), Radstand 5083 mm.

Als Sanitätsfahrzeug umgerüsteter O 303 KR mit Einbausatz (Halterungen) für den Transport von maximal 10 Krankentragen.

Die letzte Variante des O 303 KR, die der Bundeswehr geliefert wurde, zeigt nur noch eine zweiteilige Flügeltür.

Das Transportfahrzeug des in Ulm stationierten Heeresmusikkorps 10 ist derzeit noch der Reisebus groß, Mercedes Benz O 303-11 RHP mit 40 Sitzplätzen. Für die Musikinstrumente wird ein Spezialanhänger mitgeführt.

Seit 1991 wird der Kässbohrer-Setra Bus S 213 UL mit 49 Sitzen beschafft. Auch er ist für 10 Krankentragen umrüstbar.
Techn. Daten: Dieselmotor 11,9 l, 184 kW (250 PS), Radstand 5510 mm.

Seit 1992 wird als Reisebus für die Heeresmusikkorps der Kässbohrer-Setra, Typ S 215 HD, beschafft.

Ab 1990 wurden Spezialbusse von Kässbohrer-Setra S 215 RL mit einer Röntgenanlage der Firma Siemens beschafft. Techn. Daten: Dieselmotor 15,1 l, 218 kW (296 PS), Radstand 6080 mm.

Dieser Kässbohrer-Setra, Typ S 309 HD (KOM kl), mit 33 Sitzplätzen wurde 1993 als Einzelstück in mittelgrün beschafft. Techn. Daten: Dieselmotor 9,6 l, 213 kW (290 PS), Radstand 4550 mm.

Datenerfassungsbus SETRA S 140 ES mit vollmobiler Telemetrie-Datenerfassungsanlage für Videofunkübertragung, TV-Datenmisch- und Aufzeichnungsgerät. Eingesetzt bei der WTD 81 in Greding.

Kleinbus LO 3000 B/LO 3001 B. Vom Aussehen her unterscheiden sich die von den Robur-Werken hergestellten Kleinbusse kaum voneinander. Da Mangel an Fahrzeugen dieser Busklasse (KOM kl) herrschte, betrieb die Bundeswehr bis 1996 Robur-Kleinbusse.
Techn. Daten: Motorleistung 55 kW (75 PS), Hubraum 3345 cm^3, 4-Zylinder Reihenmotor, Frontlenker, Hinterachsantrieb 4x2, Steigfähigkeit 34%, max. Geschwindigkeit 95 km/h, zulässige Dauergeschwindigkeit 80 km/h, Fahrbereich 630 km, 20 Sitzplätze.

Omnibus Ikarus, Typ 211. Seit 1983 von den ungarischen Ikarus-Werken hergestellt und bei der NVA eingeführt. 1996 befanden sich noch drei Fahrzeuge im Bestand der Bundeswehr.
Techn. Daten: Motorleistung 92 kW (125 PS), Hubraum 6560 cm^3, 4-Zylinder Reihenmotor, Frontlenker, Hinterachsantrieb 4x2, Steigfähigkeit 20%, max. Geschwindigkeit 91 km/h, zulässige Dauergeschwindigkeit 80 km/h, Fahrbereich 400 km, 36 Sitzplätze.

Omnibus groß, Ikarus Typ 256. Es handelt sich um das noch am häufigst vorhandene Fahrzeug bei der Bundeswehr aus Beständen der ehemaligen NVA: 129 Busse waren zum Stichtag 30. Juni 1996 noch »aktiv«.
Techn. Daten: Motorleistung 141 kW (192 PS), Hubraum 10.350 cm³, 6-Zylinder Reihenmotor, Frontlenker, Hinterachsantrieb 4x2, Steigfähigkeit 20%, max. Geschwindigkeit 110 km/h, zulässige Dauergeschwindigkeit 80 km/h, Fahrbereich 830 km, 44 Sitzplätze.

Kleinbus Chevy Van 30 von GMC (USA), eingesetzt auf dem Fliegerhorst Goose Bay/Kanada. Techn. Daten: Motorleistung 121 kW (165 PS), Hubraum 5700 cm³, Radformel 4x2, 16 Sitze.

Ebenfalls als Transportmittel in Goose Bay/Kanada eingesetzt wird dieser GMC School Bus.
Techn. Daten: Motorleistung 162 kW (220 PS), Hubraum 5700 cm³, Radformel 4x2, 49 Sitze.

6. Lastkraftwagen (inländische Hersteller)

Für Streitkräfte, egal ob in West oder Ost, ist höchste Mobilität von jeher ein wesentliches und unverzichtbares Kriterium. Ohne Versorgung keine Bewegung. So verwundert es nicht, daß die Bundeswehr seit ihrer Aufstellung in den Jahren 1955/56 über eine umfangreiche Ausstattung an Kraftfahrzeugen verfügt.

Durch Eingliederung der NVA und deren ungeheuren Bestand an Radfahrzeugen (ca. 120.000 Einheiten) kam in den letzten Jahren ein großes Problem auf die Bundeswehr zu. So mußten sämtliche Fahrzeuge auf ihre Tauglichkeit für die Bundeswehr untersucht werden. Anders als bei den gepanzerten Rad- und Kettenfahrzeugen mußte in diesem Falle nicht die KSE-Obergrenze beachtet werden. Diese Einordnung geschah einmal unter dem Aspekt des momentanen Bedarfs der neu aufgestellten Ost-Verbände, sozusagen als Lückenbüßer, bis bundeswehreigenes Gerät in ausreichender Anzahl zur Verfügung stünde. Zum anderen spielte der technische Zustand und das Alter der Fahrzeuge eine Rolle. Letztendlich wurden aber nur einige hundert Fahrzeuge der IFA-Werke sowie Spezialfahrzeuge aus der Tschechoslowakei und der Sowjetunion übernommen.

Bis zum 30. September 1991 mußten alle Fahrzeuge entweder zugelassen sein oder (bei Ausnahmegenehmigungen) ein rotes Y-Kennzeichen tragen. Bei Erscheinen dieses Buches werden fast alle Fahrzeuge, bis auf wenige Sonderfahrzeuge, aus der Truppe herausgelöst, über die VEBEG verkauft oder auch an Hilfsdienste abgegeben worden sein. Durch Auflösung von Bundeswehrverbänden im Rahmen der neuen Heeresstruktur konnte freiwerdendes Gerät diese Lücke bei den Ostverbänden schließen.

Nur wenige Lastkraftwagen der ersten Generation, der UNIMOG S 404, der M.A.N. 630 LA und der Magirus Jupiter als Kranwagen, sind bei der Truppe noch vorzufinden. Ein Rückblick auf die Vielzahl weiterer in den Anfangsjahren eingeführter Fahrzeugtypen soll hier nicht mehr vorgenommen werden.

Mit Einführung der sogenannten zweiten Fahrzeuggeneration, beginnend in den siebziger Jahren, trat eine grundlegende Änderung in der Ausstattung der Bundeswehr-Fahrzeuge ein. Man versuchte, zumindest bei den geländegängigen Radfahrzeugen, eine bis dahin nicht gekannte Standardisierung durchzusetzen, die mit dem UNIMOG U 1300 L und dem M.A.N. mil gl der Folgegeneration in den Tonnageklassen 5/7 und 10 t durchaus gelungen ist. Festgestellte Mängel der geländegängigen Vorgängermodelle von M.A.N., Ford, Magirus und Mercedes wurden ebenso berücksichtigt, wie die Möglichkeit der leichten Wartung und der Einbau sparsamer Dieselmotoren.

Verschiedene Varianten, ob als Faltschwimmbrückenträger, Transportfahrzeug, Raketenwerfer, Radargeräteträger oder als Drohnenfahrzeug, sind bei der Truppe eingeführt.

Die überbreiten Geländefahrzeuge von M.A.N., wurden für die schweren Rad-Waffensysteme ROLAND 1 und PATRIOT, aber auch für das Artillerie-Aufklärungs-Radar COBRA beschafft. Durch verbreitern der Spurweite erreichte man bessere Schwerpunktlage und Fahrsicherheit im Gelände. In ihrem Erscheinungsbild haben sich diese Fahrzeuge, bis auf Details an der Fahrerkabine, jedoch nicht verändert.

In Zeiten der Personalknappheit gewinnt das Thema »Wechselladesystem« immer mehr an Aktualität. Seit den frühen achtziger Jahren wurden Versuche durchgeführt. 1994 wurden endlich drei Firmen nach vorhergegangenen Testversuchen aufgefordert, ein Angebot zu unterbreiten. Nach neuer Planung sollen die ersten Fahrzeuge 1997 zulaufen.

Bei den nicht geländegängigen Lastkraftwagen (tmil) hat man das Ziel der Standardisierung jedoch weitestgehend verfehlt. Aus Gründen der Arbeitsplatzerhaltung haben alle führenden Lkw-Hersteller in Deutschland ein Kontingent des 22.000 Einheiten umfassenden Auftrages erhalten. Aus Zivilversionen für die Bundeswehr abgeleitet, fahren Fahrzeuge der Firmen M.A.N., Mercedes-Benz und IVECO in allen Tonnageklassen einträchtig nebeneinander her und erschweren das Logistiksystem.

Ein dichtes Servicenetz der Anbieterfirmen erleichterte jedoch die Einführung der verschiedenen Fahrzeugtypen. Für die täglichen Versorgungsaufgaben, sei es bei der Luftwaffe, beim Heer oder der Marine, sind diese Fahrzeuge unentbehrlich und – unter Berücksichtigung der Anschaffungs- und Unterhaltskosten – reinen Geländefahrzeugen vorzuziehen.

Neben den in der Tonnageklasse (5/7/10 t) tmil eingeführten Fahrzeugen stehen für Sondertransporte auch Tieflader zur Verfügung.

Im Rahmen der 1993/94 durchgeführten UN-Mission in Somalia wurden neben Bundeswehrgerät, das mit UN-Aufschrift versehen war, auch einige Spezialfahrzeuge für Sonderaufgaben beschafft; unter anderem der Mercedes-Benz Sattelauflieger Typ 2635 AS/35 (6x6) für Containertransport.

Lkw 2 t tmil TGG, Mercedes Benz, L 508 DG/MA. Zugelassen für den Gefahrguttransport. Das Fenster an der Fahrerrückwand wurde zu diesem Zweck entfernt. Ab 1994 wurden diese Fahrzeuge mit einem Seitenunterfahrschutz versehen.
Techn. Daten: Hubraum 3785 cm³, 63 kW (85 PS), 4-Zylinder Reihenmotor, Radstand 2950 mm, Ladefläche 3150x2200 mm, Watfähigkeit 300 mm, zulässiges Gesamtgewicht 5600 kg, Nutzlast 2185 kg, max. Geschwindigkeit 98 km/h, Fahrbereich 400 km.

6.1. Daimler-Benz

6.1.1. Lastkraftwagen leichte Klasse

Für den alltäglichen Transportbetrieb wäre es zu teuer, geländegängige Fahrzeuge zu nutzen. Aus diesen Gründen begann die Bundeswehr schon sehr früh, Fahrzeuge dieser Tonnageklasse auf dem zivilen Markt von den Firmen Borgward, Ford und Opel, zu beschaffen.

Anfang der siebziger Jahre wurden diese Beschaffungsmaßnahmen mit Erscheinen des sogenannten »Düsseldorfer-Transporters« von Mercedes-Benz intensiviert. Eine erste Bestellung von ca. 9000 Einheiten der Typen L 508 und L 608 in den Jahren 1974 bis 1984 deckte den Bedarf von Standortverwaltungen, Behörden und Truppe. Abweichend von handelsüblich angebotenen Fahrzeugen wurde für die Bundeswehr eine Teilmilitarisierung durchgeführt (umstellbare elektrische Anlage von 12 Volt auf 24 Volt, Dachluken für MG-Schützen, Halterungen für Waffen und sonstiges Gerät).

Ob als Plattform für Standardkabinen, als Kofferaufsatz- (UNIMOG S 404) und Rüstsatzträger bei Fernmeldeeinheiten, für Kabelbau oder als Feuerwehr in Untertage-Depots eingesetzt – die Fahrzeuge bewährten sich.

Da die in den siebziger Jahren beschafften Fahrzeuge auf Grund ihrer Kilometerleistungen ersetzt werden mußten, sind seit Ende der achtziger Jahre für zivile Dienststellen der Bundeswehr neue Modelle der Mercedes Benz AG in Beschaffung. Es handelt sich hierbei um den Typ L 711 D mit Pritsche, geändertem Fahrerhaus, Motorleistung 85 kW (115 PS), und den Typ L 709 D mit Doppelfahrerhaus (5 Sitze) und Sonderkastenaufbau für Gefahrguttransport.

Anders als in den Anfangsjahren spielt die traditionelle »Oliv«-Farbgebung bei diesen Fahrzeugen keine Rolle mehr. So sind hellgrüne oder blaulackierte Versionen keine Seltenheit, ja eigentlich bereits »Standard«.

Ein Novum stellt ein Neuzugang dar, der speziell für den Somalia-Einsatz beschafft wurde. Dabei handelt es sich um einen Kühlwagen des Typs L 608 D für Gefriergut. Ob dieser Kühlwagen auch zur Kühlung von Bier, das man einflog, herangezogen wurde, entzieht sich der Kenntnis der Verfasser.

Die als zuverlässig geltenden Transporter von Mercedes-Benz sind unverzichtbar für die Bewältigung der täglich anfallenden Transportaufgaben geworden.

Unimogkoffer S 404.114 mit verstärkter Rückwand für den Kampfmittelbeseitigungstrupp, verlastet auf einem Mercedes Benz L 508 DG/MA TGG. Truppeneigenbau des Jagdgeschwaders 71 »Richthofen«

Ein als Küchenfahrzeug eingesetzter Mercedes Benz L 508 DG/MA. Um Speisecontainer leichter auf- und absetzen zu können, wurde eine Meiller-Ladebordwand montiert.

Krankenkraftwagen der 2. Generation ist der Mercedes Benz L 508 DG/29 mit vier Tragenhalterungen.
Techn. Daten: Dieselmotor 3785 cm³, 63 kW (85 PS), Radstand 2950 mm.

Ruthmann-Steiger KS 80, montiert auf einem Mercedes Benz L 407 D Doppelkabine. Techn. Daten: Dieselmotor 2,4 l, 53 kW (72 PS), Radstand 3500 mm.

Für den UNOSOM-II-Einsatz in Somalia wurde ein einzelner Mercedes Benz L 608 D/35 mit Kühlkofferaufbau beschafft. Techn. Daten: Dieselmotor 3785 cm³, 63 kW (85 PS), Radstand 3500 mm

Mobiles Kalibrierlabor für technische Gase. Eingerüstet in einen Mercedes Benz L 508 DG/35 mit Klimaanlage.

Der Mercedes Benz Typ L 608 D/41 ist ein Pritschen-Lkw für zivile Dienststellen der Bundeswehr.
Techn. Daten: Hubraum 3785 cm^3, 4-Zylinder Reihenmotor, Radstand 4100 mm, Ladefläche 5060x2270 mm, Watfähigkeit 300 mm, zulässiges Gesamtgewicht 6650 kg, Nutzlast 3500 kg, max. Geschwindigkeit 94 km/h, Fahrbereich 400 km.

Seit 1987 ersetzt das Nachfolgemodell Mercedes Benz, Typ 609 D, Ausführung Krankenkraftwagen, den Vorgänger L 508 DG/29. Das Fahrzeug ist für den Transport von vier liegenden Personen ausgelegt. Techn. Daten: Dieselmotor 3972 cm^3, 66 kW (90 PS), Radstand 3150 mm.

Seit 1993 setzt die Marine den Kastenwagen Mercedes Benz 609 D mit Radstand 3150 mm ein. Für die Wehrwissentschaftliche Dienststelle (WWD) in Munster wurde der gleiche Typ, jedoch mit verlängerten Aufbau und Radstand von 4250 mm, beschafft.

Der Mercedes Benz 709 D mit Doppelkabine und einem Radstand von 3700 mm wurde mit einem Aufbau der Firma Hebmüller & Hirsch beschafft. Die Marine setzt ihn für Munition- und Gefahrguttransporte ein.

Für Standortverwaltungen wurde der Mercedes Benz, Typ 711 D, mit einer 5060 mm langen Pritsche als Ersatz für den Mercedes Benz L 608 D/41 beschafft. Einführungsjahr 1990. Techn. Daten: Dieselmotor 4,0 l, 85 kW (115 PS), Radstand 4250 mm.

6.1.2. UNIMOG S 404 B

Als »Ur-Fahrzeug« aus den Anfangsjahren der Bundeswehr, aber auch als Inbegriff eines der besten geländegängigen Kleinlastkraftwagen der Nachkriegszeit ist der Daimler-Benz UNIMOG S 404 B nach fast 40 Jahren immer noch im Einsatz. Der in ca. 25.000 Exemplaren beschaffte UNIMOG war das Arbeitstier und der Wegbegleiter ganzer Soldaten-Generationen. Daß er dies noch immer ist, wenn auch in geringeren Stückzahlen, läßt auf seine Robustheit und Zuverlässigkeit schließen. Neben der Pritschen- und Koffervariante wurde das Fahrgestell auch für Sonderaufbauten wie Gittermast, Feuerwehr, Schneefräse, aber auch als Panzerattrappe genutzt. Ein Großteil der Fahrzeuge wird – bzw. wurde – als Krankenwagen, Funk-, Fernsprech- und ELOKA-Fahrzeug eingesetzt.

Aus Logistikgründen wird es immer schwieriger, eine funktionierende Ersatzteilversorgung aufrechtzuerhalten. Nur durch das Ausschlachten (»Kannibalisieren«) anderer Fahrzeuge kann die Betriebsbereitschaft gewährleistet werden. Deshalb dürfte seine Einsatzzeit demnächst abgelaufen sein.

Soldatenzungen behaupten, daß der alte UNIMOG S 404 B besser (gewesen) sei als sein Nachfolger, der UNIMOG U 1300 L.

Bei einer Fernmeldeeinheit versieht dieser Daimler Benz Unimog S 404.114 mit Einheitskofferaufbau C1 der Firma Kögel seinen Dienst.
Techn. Daten: Hubraum 2195 cm³, 59 kW (80 PS), 4x4, Vorderradantrieb, 6-Zylinder Vergasermotor, Radstand 2900 mm, Laderaum 3000x2140x2590 mm, Watfähigkeit 800 mm, zulässiges Gesamtgewicht 4550 kg, max. Geschwindigkeit 95 km/h, Fahrbereich 570 km.

6.1.3. UNIMOG U 1300 L

Mittlerweile wurden über 18.000 Einheiten des UNIMOG U 1300 ausgeliefert. Als Pritschen-Ausführung, zum Teil mit verlasteten Rüstsätzen, als Pionier-, Fernmelde- , Kabelbau- , Werkstatt-Kabinenträger usw., als Krankenfahrzeug (Aufbau Miesen) und Feuerlöschfahrzeug (TLF 1000) versieht er seinen Dienst. Seine hervorragenden Leistungsmerkmale – unter anderem der Antrieb über vier Differentiale auf alle Achsen, sein verwindungsarmer Rahmen, die Wat- und Kletterfähigkeit – ließen ihn zum Arbeitspferd der Truppe werden.

Kleinscattergerät auf Unimog U 1300 L. Mobiles Überhorizont-Richtfunkgerät im 8 GHz-Bereich zur Übertragung eines Sprachkanals oder von Daten. Eingerüstet in die Standardkabine I FmA, Sendeleistung 200 Watt. Der Einsatz als Richtfunkgerät für Sichtverbindung ist als zweite Einsatzvariante möglich.
Techn. Daten: Hubraum 5675 cm³, 96 kW (130 PS), 4x4, Vorderradantrieb, 6-Zylinder Reihenmotor, Radstand 3250 mm, Ladefläche 3150x2200 mm, Watfähigkeit 1200 mm, zulässiges Gesamtgewicht 7500 kg, Nutzlast 2250 kg, max. Geschwindigkeit 80 km/h, Fahrbereich 760 km.

Der UNIMOG U 1300 L entstand nach dem Baukastenprinzip aus der schweren, zivilen UNIMOG-Baureihe, jedoch mit militärischen Änderungen wie Dachluke, Gewehrhalter und Staukästen. Das Fahrzeug ist mit einem 6-Zylinder Dieselmotor mit 96 kW (130 PS) ausgerüstet, dessen Leistung ausreicht, selbst schwierigstes Gelände zu meistern. Seine Bewährungsprobe bestand der UNIMOG U 1300 L im harten Einsatz in Somalia. In allen Formen des Einsatzes, ob als Sicherungsfahrzeug mit provisorisch vergittertem Fenster oder als Träger für Kabinen, wurde er den Anforderungen dieses Einsatzes voll gerecht.

Ein für den UNOSOM-II-Einsatz umgerüsteter U 1300 L Pritsche mit blauer Rundumleuchte und Verkehrswarnanlage der »UN-MILITARY-POLICE«.

Unimog U 1300 L mit 20-mm-Feldkanone, Typ Rh 202 (Rheinmetall), verzurrt auf Pritsche. Das Fahrzeug wird zum Begleitschutz eingesetzt.

Schmidt- Schneepflug E 3.5, angebaut an einen Mercedes Benz U 1300 L Pritsche, für den Winterdienst.

Mercedes Benz U 1300 L mit Kabine I FmB und angebauter Kurbelmastantenne. Die Kabine wird mit vier Ketten auf der Pritsche festgezurrt und zusätzlich durch vier Haltepunkte fixiert.

Eloka-Aufklärungssystem der Firma Elektronica zum Erfassen und Stören von Funkverbindungen. Eingerüstet in die Standardkabine I FmB auf Unimog 1300 L. Die Peilantenne wird mittels eines Knickmastes auf eine Höhe von ca. 5 m gebracht. Eine zusätzlich an der Vorderkante der Kabine angebaute Kurbelmastfunkantenne dient der Datenübermittlung zum Knotenpunkt oder zur Auswerteeinheit.

Der Krankenkraftwagen Mercedes Benz U 1300 L mit Kofferaufbau der Firma Binz wurde für den UN-Einsatz mit einer Klimaanlage nachgerüstet. Teilweise wurden die Fahrzeuge mit nur einer Tragenhalterung als Arzt-Kfz oder als Laborfahrzeug genutzt.

Feuerlösch-Kfz TLF 1000 mit Aufbau der Firma Metz. Eingesetzt wurde das Fahrzeug auch in Somalia. Techn. Daten: Hubraum 2195 cm^3, 59 kW (80 PS), 6-Zylinder Vergasermotor, Radstand 2900 mm, Laderaum 3000x2140x2590 mm, Watfähigkeit 800 mm, zulässiges Gesamtgewicht 4550 kg, max. Geschwindigkeit 95 km/h, Fahrbereich 570 km.

»RAL 3000 feuerrot«-lackiert wurden ab 1993 die Feuerwehrfahrzeuge auf allen Bundeswehrflugplätzen. Abgebildet ist ein Mercedes Benz U 1300 L mit Pilotenrettungsbühne auf dem Fliegerhorst Wittmundhaven.

Bei der Field Engineers Range Maintenance (zu deutsch: Schießbahnwartung und -unterhaltung) des Truppenübungplatzes Shilo/Kanada ist ein Mercedes Benz U 1300 L mit Kuhfanggrill und gelber Rundumleuchte stationiert. Lackierung: RAL1020 olivgelb.

6.1.4. Zugmaschinen

Um ihren vielfältigen Aufgaben bei der Pflege von Kasernen, Truppenübungsplätzen und Fliegerhorsten nachzukommen, setzen die Standortverwaltungen eine Vielzahl von allradangetriebenen Zugmaschinen mit verschiedenen Anbaugeräten ein. Speziell der UNIMOG von Mercedes-Benz ist in den verschiedensten Typklassen sehr zahlreich vertreten. Verstärkt wurden in den letzten Jahren auch schwere Zugmaschinen wie der Mercedes Benz-Trac, aber auch Fahrzeuge anderer Hersteller (Schlüter, Fendt) für diese Aufgaben beschafft.

Die aktive Truppe verfügt als Zugmaschine a) über den UNIMOG U 900/84 mit Doppelkabine als Flugzeugschlepper und b) das Trägerfahrzeug U 84/406 mit Einzelkabine für Erdarbeitsgerät und Erdschieber zum Aushub von Kampfständen und Deckungsgräben. Für Spezialaufgaben erhielt die Marine einen UNIMOG U 1250 L mit Doppelkabine als Zugmaschine.

Als jüngste Neuzugänge in dieser Klasse erschienen der UNIMOG Typ U 1200 als Flugzeugschlepper und der Typ U 110 L (neue, markante Formgebung der Motorhaube) als Zugmaschine für Standortverwaltungen.

Für Bundeswehrstandorte und insbesondere für die zahlreichen Truppenübungsplätze in Mitteldeutschland wurden verschiedene Traktoren und Sonderfahrzeuge nebst Anbaugeräten von der NVA übernommen. Diese Fahrzeuge erhielten aber zum größten Teil keine Funktions- oder Betriebserlaubnis und wurden nur innerhalb der Bundeswehrliegenschaften eingesetzt. Einzig die Ackerschlepper der Baureihen ZT 300 bis ZT 323 A1 befinden sich noch im Bestand der Bundeswehr.

Der Naturschutz und die Pflege von Grünflächen genießen bei der Bundeswehr einen hohen Stellenwert. Für Neuanschaffungen werden daher die dafür benötigten Haushaltsmittel in ausreichendem Maße zur Verfügung stehen.

Zugmaschine Mercedes Benz U 900/406 mit einer Zweiwegeausstattung als Zugmittel für Schienenfahrzeuge.

Der Lkw 1,5 t gl, Typ 900/406 mit Erdarbeitsgerät, Anbaubagger HT 11 A der Firma Schaeff und Räumschild P3 EV der Firma Schmidt, wird bei den Pionieren zum Stellungsbau eingesetzt.

Der Unimog U 600, Baumuster 407.100, wird seit 1991 für Standortverwaltungen mit Geländebetreuungs-Aufgaben beschafft. Techn. Daten: Dieselmotor 2,4 l, 38 kW (52 PS), Radstand 2250 mm.

Unimog U 900, Baumuster 417.101 mit Ganzstahlführerhaus. Auf der Ladefläche ist ein Streugerät STA/U-TUEZ der Maschinenfabrik Küpper-Weisser montiert.
Techn. Daten: Dieselmotor 5,7 l, 62 kW (84 PS), Radstand 2380 mm.

Im Einsatz bei der Bundeswehr ist seit 1993 der Unimog U 110, Baumuster 418.100, mit einem Nachlauf-Streugerät der Firma EPOKE.
Techn. Daten: Dieselmotor 4,0 l, 75 kW (102 PS), Radstand 2830 mm.

Schneeschleuder VS 3 der Firma Schmidt mit Räumbreite 2500 mm, als Vorbaugerät für einen Unimog U 900/406.

Mercedes Benz U 1600 L, Baumuster 427.105 mit Schneeräumaufbau und Räumkopf FS 4 der Maschinenfabrik Schmidt.
Techn. Daten: Dieselmotor 6 l, 100 kW (136 PS), Radstand 2650 mm.

Als Einzelfahrzeug wird dieser Mercedes Benz U 1250 L, Baumuster 427.110, mit Doppelkabine und kurzer Pritsche im Marinearsenal Kiel eingesetzt.
Techn. Daten: Dieselmotor 6 l, 92 kW (125 PS), Radstand 3250 mm.

Seit 1994 in Beschaffung ist der Flugzeugschlepper U 1200 L, Baumuster 427.101, mit kurzer Pritsche. Teilweise wird er mit einer Zwischenachs-Kehrmaschine ZAK 22 BW der Maschinenfabrik Schmidt geliefert. Die Zugmaschine löst den Flugzeugschlepper U 406/900 mit Doppelkabine ab.
Techn. Daten: Dieselmotor 6 l, 92 kW (125 PS), Radstand 2650 mm.

Auf dem Truppenübungsplatz Munster ist für Geländebetreuungsaufgaben ein Mercedes Benz Trac 1800 Intercooler, Baumuster 443, stationiert. Mit ihm werden landwirtschaftliche Geräte bewegt, unter anderem der Tiefenlockerer WÜRGER der Firma Rabe. Techn. Daten: Dieselmotor 6 l, 132 kW (180 PS), Radstand 2650 mm.

Fortschritt-Traktor ZT 323A. Wie der Name schon erahnen läßt, ist das Fahrzeug von der NVA übernommen worden. Der Radschlepper wurde den Standortverwaltungen für ihre Liegenschaften zugeteilt. Als universales Zugmittel kann das Fahrzeug als Geräteträger und mit Anhänge-, Anbau- und Aufsattelgeräten ausgestattet werden.
Techn. Daten: Motorleistung 73,5 kW (100 PS), Hubraum 6560 cm³, 4-Zylinder Reihenmotor, Haubenlenker, Allradantriebantrieb 4x4, max. Geschwindigkeit 35 km/h, Fahrbereich 300 km.

Xaver Fendt Geräteträger 380 GTA mit Frontlader der Firma Schilling-Ostermeyer und dem Heckanbau-Schlegelmäher UM 23 der Firma Dücker.
Techn. Daten: Dieselmotor 4,1 l, 59 kW (80 PS).

6.1.5. Transportfahrzeuge

Da ein Großteil der anfallenden Transportaufgaben des Heeres, der Luftwaffe und der Marine über längere Strecken auf einem hervorragend ausgebauten Straßennetz ablaufen kann, wäre es zu teuer, geländegängige Fahrzeuge dafür einzusetzen.

Deshalb beschaffte die Bundeswehr zwischen 1977 und 1988 rund 22.000 tmil Lastkraftwagen der Firmen Daimler Benz und IVECO-Magirus.

Mit der Typreihe 1017 bzw. 1017 A (Allrad) von Mercedes-Benz und dem Typ 168 A 11 FL von IVECO hat man sich jedoch logistische Probleme geschaffen (keine Standardisierung). Für die vorgesehenen Aufgaben, ob als Plattform für Standard-Kabinen, verschiedene Rüstsätze wie Tankaufbau, Fernmeldemittel, Personentransport und Küchenausrüstung, wurde aber ein technisch ausgereiftes Fahrzeug beschafft. Die mit ihren Leistungsmerkmalen fast identischen Fahrzeuge (126,4/123,5 kW 172/168 PS) haben eine Anhängelast von ca. 12.000 kg und sind, abgesehen von einem Anfangslos mit Holzpritsche, mit der Bundeswehr-Einheitspritsche aus Stahl ausgestattet.

Mitte der achtziger Jahre wurden Fahrgestelle des Typs 1017 A für Feuerwehr-Aufbauten des alten Mercedes Benz LG 315 und für den Dreiseitenkipper als Er-

Ein bei zivilen Dienststellen der Bundeswehr eingesetzter Lkw zum Stückguttransport ist der Mercedes Benz L 911 B 353/42 mit 4500 mm Pritsche. Man beachte den seitlichen Unterfahrschutz. Techn. Daten: Dieselmotor 5,7 l, 81 kW (110 PS), Radstand 4200 mm.

satz des Magirus-Deutz-Jupiter D 178 umgerüstet oder neu beschafft.

Neben diesen tmil Fahrzeugen lieferte Daimler-Benz eine ganze Reihe handelsüblicher Fahrzeuge an die Bundeswehr. Über viele Jahre war der Daimler Benz L 911 in seinen Varianten als Kipper, Koffer und Schlammsaugwagen bei sämtlichen Standortverwaltungen vorzufinden. Bis auf wenige Exemplare wurde er durch den Daimler Benz Typ 811 ersetzt.

In der mittleren bis schweren Klasse wurde in den letzten Jahren der Mercedes Benz Typ 1120 als Sattelzugmaschine »Musik« für die BIG-BAND der Bundeswehr eingeführt. Außerdem beschaffte man den Typ 1520 Pritsche mit Ladehilfe, den Typ 1524 als Träger für Wechselkoffer Beratungsstelle/Nachwuchswerbung und, in 27 Einheiten, den Typ 2635 als Sattelauflieger für Container-Transport in Somalia und Kroatien. Bei Marinedienststellen ist der Daimler Benz Typ 2228 mit Wechselsystem Pritsche und Container eingeführt.

Viele neue Fahrzeugtypen sind nur Vergleichserprobungsträger und werden bei der Truppe, den Standortverwaltungen und im Bereich des BWB aufgebraucht.

Eine Ausnahme bilden die beiden Versuchsträger Mercedes-Benz Typ 3326 als Chassis für das Festbrückengerät der Fa. Dornier. Die Fahrzeuge wurden später wieder an den Hersteller zurückgegeben.

Auf dem Fliegerhorst Jever stationiert – und daher mit gelbem Rundumlicht versehen – ist der Kipper LAK 911 B 353/36 mit Meiller-Kippbrücke.

Mercedes Benz LAKO 1513 B 360/42 mit Schlammsaugaufbau der Fa. Hellmers. Der Tank hat ein Fassungsvermögen für 4500 l Schlamm und 500 l Frischwasser für Reinigungsarbeiten.
Technische Daten: Dieselmotor 5675 cm^3, 96 kW (130 PS), Radstand 4200 mm.

Auf Luftwaffenstützpunkten sorgt die Kehrmaschine LA 1519 B 360/42 mit Schörling-Aufbau und Anbauplatte für Schneepflüge für Ordnung und Sauberkeit.

Nur in begrenzter Anzahl lief seit 1977 der Mercedes Benz Typ 1017 mit Holzpritsche der Truppe zu. Standardausführung war jedoch das Fahrzeug mit Stahlpritsche. Techn. Daten: Hubraum 5675 cm³, 127 kW (172 PS), 4x2, Hinterrad-Antrieb, Frontlenker, 6-Zylinder Reihenmotor, Radstand 3600 mm, Ladefläche 5000x2380 mm, Watfähigkeit 500 mm, zulässiges Gesamtgewicht 11.700 kg, Nutzlast 5000 kg, max. Geschwindigkeit 87 km/h, Fahrbereich 700 km.

Für den Einsatz in Somalia wurden einige Mercedes Benz 1017 A mit Luftansaugfilterstutzen versehen.
Techn. Daten: Hubraum 5675 cm³, 127 kW (172 PS), 4x4, Allrad-Antrieb, Frontlenker, 6-Zylinder Reihenmotor, Radstand 3600 mm, Ladefläche 5000x2380 mm, Watfähigkeit 500 mm, zulässiges Gesamtgewicht 12.200 kg, Nutzlast 5000 kg, max. Geschwindigkeit 81 km/h, Fahrbereich 700 km.

Lkw Mercedes Benz 1017 A mit mobiler 3200-Watt-Lautsprecheranlage der ehem. NVA. Da der Koffer jedoch breiter als Bundeswehr-Kabinen ist, mußten die seitlichen Bordwände abgenommen werden.

Dieser Mercedes Benz 1017 A mit Ladehilfe und einem Koffer des M.A.N 630 L2 A versieht bei einer Dienststelle der Marine seinen Dienst. Zur Fixierung der Kabine werden zusätzlich drei Spannbänder benutzt. Man beachte die Ladebordwand.

Tankanlage 2x2300 l Betriebsstoff mit Pumpanlage, verlastet auf einem Mercedes Benz 1017 A.

Das Feuerlösch-Kfz Mercedes Benz 1017 AF entstand aus dem Aufbau des TLF 2400, der Anfang der achtziger Jahre noch in geringen Stückzahlen zur Verfügung stand. Da das Chassis des Mercedes Benz LG 315 aufgebraucht war, wechselte man auf das Fahrgestell des Mercedes Benz 1017.

Als Lkw 5 t tmil, 4x4 Kipper, wurde ab 1987 der Mercedes Benz 1017 AK/36 beschafft. Er wird überwiegend bei Startbahn-Instandsetzungsstaffeln der Luftwaffe eingesetzt.

Mit dem Lkw Mercedes Benz 2228 L/41 für Wechselbehälter können maximal 2x10 ft Container, 1x20 ft Container oder eine Wechselpritsche befördert werden. Techn. Daten: Dieselmotor 12,8 l, 188 kW (256 PS), Radstand 4100+1350 mm.

ICSU 531734 6
US 2232
74
KLAUS
UNITED NATIONS

Sonderbeschaffungen für den Somalia-Einsatz: Die Sattelzugmaschine Mercedes Benz, Typ 2635 AS/35, 6x6, und der Containerseitenlader von Klaus-Arbau, Typ KM 30-298, für 20 ft Container. Techn. Daten: Dieselmotor 14.618 cm^3, 269 kW (366 PS), Radstand 3500+1350 mm.

Als Nachfolgemodell für den in die Jahre gekommenen L 911 B 353/42 wurde der Mercedes Benz 914 D/37 mit Unterfahrschutz und einer Pritschenlänge von 5200 mm beschafft.
Techn. Daten: Dieselmotor 5958 cm³, 100 kW (136 PS), Radstand 3700 mm.

Der Mercedes Benz 914 K/31 mit Meiller Kippbrücke löst den LAK 911 B 353 ab und wird bei Standortverwaltungen eingesetzt. Techn. Daten: Dieselmotor 5958 cm^3, 100 kW (136 PS), Radstand 3150 mm.

Für Wehrbereichs-Verpflegungsämter wurde ab 1991 der Mercedes Benz, Typ 1520/41 mit Ladehilfe der Fa. Meiller beschafft. Die Farbgebung der Fahrzeuge ist hellgrün und dunkelblau. Techn. Daten: Dieselmotor 5958 cm^3, 150 kW (205 PS), Radstand 4190 mm.

Als Berufsinformations-Mobil setzt die Bundeswehr einen Mercedes Benz 1524/55 mit absetzbarem Beratungspavillon der Zeppelin-Bauer AG ein. Zwei Fahrzeuge sind seit 1993 im Bestand. Techn. Daten: Dieselmotor 5958 cm³, 177 kW (240 PS), Radstand 5500 mm.

Für die Big-Band der Bundeswehr wurde ein Mercedes/Bauer Koffersattelzug mit einer Gesamtlänge von 9150 mm beschafft. Als SaZgM wird ein Mercedes Benz, Typ 1120 LS/37 genutzt, der Kofferauflieger Typ 1 SW 7 mit Ladebordwand stammt von der Fa. Bauer.

Selbstfahrende Fluggasttreppe Typ Universal der Lüneburger Drahtwaren und Maschinenfabrik Dahms. Montiert ist die Fluggasttreppe auf einem Mercedes Benz 814 D.

6.2. M.A.N.

6.2.1. Fahrzeuge, leicht

M.A.N. war in dieser Tonnageklasse (mit Ausnahme einiger Prototypen des 3 t Lkw Typ 400 L1AE in den fünfziger Jahren) bisher mit keinem Fahrzeug vertreten. Erst durch die Zusammenarbeit mit dem Volkswagen-Konzern entstand der Typ 9.150 FK. Anfang der neunziger Jahre beschaffte die Bundeswehr einige Fahrzeuge in der Kipperversion für Standortverwaltungen.

Auch der Typ 8.150 FA in der geländegängigen Version wurde der Bundeswehr zu Erprobungszwecken angeboten, jedoch nicht eingeführt.

Der VW-M.A.N Typ 09.150 FAE Kipper ist bei Standortverwaltungen, die mit der Instandhaltung von Truppenübungsplätzen beauftragt sind, zu finden. Techn. Daten: Dieselmotor 6,8 l, 110 kW (150 PS), Radstand 3100 mm.

6.2.2. Fahrzeuge, mittelschwer, tmil

Wie bereits im Abschnitt Daimler-Benz-Fahrzeuge erwähnt, entwickelte auch M.A.N. ein Konzept verschiedener Tonnageklassen, die aus bereits vorhandenen Zivilfahrzeugen abgeleitet wurden.

Für die Tonnageklasse 7 t und 10 t wurde die Firma M.A.N. ausgewählt; genauer gesagt die Typen 15.192 F (7 t tmil) und 22.240 DF (10 t tmil). Ein Teil der 10 t Fahrzeuge erhielt einen Bordkran der Firma Weyhausen. Bei beiden Fahrzeugen läßt sich das Fahrerhaus kippen. Dachluke, wechselbare Elektrik (12 Volt auf 24 Volt), Einheitsanhängerkupplung und Bundeswehr-Standardpritsche wurden als sogenannte Teilmilitarisierungen zusätzlich nachgerüstet.

Für den Sattelbetrieb wurden in den achtziger Jahren 360 Einheiten SZgM des Typs 15.240 FAS beschafft. Standard-Sattelauflieger für großvolumige Transporte ist der Typ P 327-402 der Firma Blumhard. Auch bei PERSHING-Einheiten war diese SZgM mit zusätzlichem Stromerzeugungsaggregat (SEA) zum Transport der Boden-Boden-Rakete im Einsatz, wurde aber wieder zurückgerüstet. Ein größeres Kontingent der SZgM von M.A.N. wird außerdem für die Spezial-Kofferauflieger Kalibrierlabor, Topographie- und ABC-Koffer genutzt.

Um Kosten für Treibstoff zu sparen, wurden bei vielen Fahrzeugen auf dem Dach der Fahrerkabinen sogenannte Windabweiser installiert. Für mehr Sicherheit im Straßenverkehr wurde durch Anbringen eines Unterfahrschutzes zwischen Radkasten und Fahrerkabine gesorgt. Dieses Programm wird aber nicht nur bei M.A.N.-Fahrzeugen, sondern bei allen Lastkraftwagen der Bundeswehr (außer bei voll geländegängigen) durchgeführt.

Erwähnenswert sind außerdem Versuche mit dem Antriebsmittel Rapsöl bei tmil Fahrzeugen Anfang der neunziger Jahre. Von einer Einführung oder Weiterverfolgung des Projektes ist jedoch nichts bekannt geworden.

Als Einzelstück wird der M.A.N 11.136 H mit Ruthmann Hubsteiger MTS 210 bei der Montage von Lichtmasten und Oberleitungen in Bundeswehrliegenschaften eingesetzt. Techn. Daten: Dieselmotor 5,5 l, 100 kW (136 PS), Radstand 4400 mm.

Die Sattelzugmaschine M.A.N 15.240 FAS mit Blumhardt-Kofferauflieger P 427-402 D1 wird als Kalibrierlabor für Meßgeräte eingesetzt.
Techn. Daten: Hubraum 11.143 cm³, 176 kW (240 PS), 4x4, Allrad-Antrieb, Frontlenker, 6-Zylinder Reihenmotor, Radstand 3500 mm, Watfähigkeit 695 mm, zulässiges Gesamtgewicht 15.000 kg, Sattelzug 29.200 kg, Nutzlast 15.000 kg, max. Geschwindigkeit 97 km/h, Fahrbereich 470 km.

Sattelanhänger SC T6 der Firma Kögel für Kabinen und Container-Transport. Eingesetzt mit der Sattelzugmaschine leicht, M.A.N 15.240 FAS, tmil. Container-auflieger (Kabine 10 t), Länge 7560 mm.

Sattelzugmaschine leicht, tmil, M.A.N Typ 15.240 FAS mit Pritschenauflieger P 327-402 der Firma Blumhardt.
Techn. Daten: Pritschenauflieger, Länge 11.850 mm, Sattelzapfen bis 1. Achse 6520 mm.

Lkw 7 t tmil Pritsche, Typ 15.192 F von M.A.N, mit Windabweiser und erhöhtem Runddach. Das Fahrzeug wird für die Ausstellung »Unsere Marine« eingesetzt. Seit 1992 existiert auch ein Fahrzeug mit Meiller-Bordladehilfe.
Techn. Daten: Hubraum 9511 cm³, 141 kW (192 PS), 4x2, Allrad-Antrieb, Frontlenker, 5-Zylinder Reihenmotor, Radstand 4100 mm, Ladefläche 5600x2400 mm, Watfähigkeit 540 mm, zulässiges Gesamtgewicht 15.000 kg, Nutzlast 7000 kg, max. Geschwindigkeit 84 km/h, Fahrbereich 730 km.

Lkw 10 t, M.A.N, tmil, Typ 22.240 DF mit Pritsche und hoher Plane für Palettentransport. Fahrzeug der ersten Bauserie. Eine Anzahl dieser Fahrzeuge wurde mit einem 1-t-Ladekran der Firma Teha, auf der Ladefläche montiert, an die Transportverbände geliefert.
Techn. Daten: Hubraum 11.143 cm³, 176 kW (240 PS), 4x4, Allrad-Antrieb, Frontlenker, 6-Zylinder Reihenmotor, Radstand 3850+1350 mm, Ladefläche 7100x2400 mm, Watfähigkeit 540 mm, zulässiges Gesamtgewicht 20.000 kg, mit Kran 21.500 kg, Nutzlast 10.000 kg, max. Geschwindigkeit 84 km/h, Fahrbereich 570 km.

Versuchsfahrzeug M.A.N Typ 22.240 DF Pritsche für Biokraftstoff (Rapsoel). Das Fahrzeug aus der zweiten Bauserie läßt sich an den tiefergesetzten Blinkerleuchten erkennen.

Fahrgestell für Kabinentransport, M.A.N Typ 22.240 DF, eingesetzt bei PSV-Einheiten und im Gesamtsystem HEROS.

Hakenabrollkipper der Firma Georg auf M.A.N, Typ 22.240 DF, Erprobungsfahrzeug MULTI 6x4. Abrollkipper der Firmen Hüffermann, Bock und Hiab wurden ebenfalls erprobt.

Schörling Startbahnkehrmaschine Stran-B2 auf M.A.N, Typ 16.240 FA. Von 1986-1988 beschaffte die Bundeswehr 80 Fahrzeuge.
Techn. Daten: Dieselmotor 11.413 cm^3, 177 kW (240 PS), Radstand 3800 mm.

M.A.N Typ 14.192 U mit Aufbau der Firma Eisenwerke Schröder/München. Als Hocharbeitsbühne mit Enteisungsgerät für Großflugzeuge beschafft. Techn. Daten: Dieselmotor 9511 cm³, 141 kW (192 PS.

Der Flugfeldtankwagen Typ CT 8254 der Firma Strüver fasst 60.000 Liter. Er dient der Versorgung von Großflugzeugen mit Kraftstoff. Der selbsttragende Tankauflieger in Leichtmetallkonstruktion ist auf einen M.A.N Sattelschlepper, Typ 26.320 DF, aufgesattelt. Das 1980 gebaute Fahrzeug stammt aus NVA-Beständen.

Bei den Wehrbereichs-Bekleidungsämtern wird der M.A.N Typ 12.192 mit Meiller-Ladehilfe eingesetzt. Der Lkw wurde ab 1994 mit einem Seitenunterfahrschutz gemäß StVZO nachgerüstet. Techn. Daten: Dieselmotor 6871 cm³, 140 kW (190 PS), Radstand 4250 mm.

Der M.A.N Typ 25.322 FNLW/LL hat einen Rahmen für Wechselpritsche und 20-ft-Container.
Techn. Daten: Dieselmotor Schadstoffarm, 9970 cm³, 235 kW (320 PS), 5-Zylinder Reihenmotor, Radstand 3850+1350 mm, zul. Gesamtgewicht 25.000 kg.

Kombinationsfahrzeug »Super 2000« auf MAN-Fahrgestell Typ 22.292 mit Aufbau von Wiedemann & Reichhardt, Altenmünster. Einzelfahrzeug der StOV Penzing zur Kanalreinigung mit vollautomatischer Wasserrückführungstechnik.
Techn. Daten: Schlammbehälter 6000 - 12.000 l, Wasserbehälter 5000 - 7000 l, Hochdruckpumpe, Saugschlauchhaspel für 18 m Schlauch.

6.2.3. Fahrzeuge, geländegängig

Nur noch wenige der einstmals in einer Stückzahl von ca. 20.000 Einheiten vorhandenen M.A.N.-Lastkraftwagen der Typreihe 630 L2 (5 t) versehen derzeit noch ihren Dienst in der Bundeswehr. Als Kofferfahrzeuge mit den Rüstsätzen Feldküche, mobiler Tower und Peiler (UN-Einsatz), als Gittermast- und als Pritschenfahrzeug dürften ihre Tage gezählt sein. Nach fast vierzigjährigem Einsatz wird es immer schwieriger, ein vernünftiges Kosten-/ Nutzenverhältnis aufrechtzuerhalten. Dennoch war die M.A.N.-Typenreihe 630 L2 ein treuer und zuverlässiger Wegbegleiter vieler Soldaten, die sie in verschiedenen Ausführungen kennengelernt haben (nicht zuletzt die harten Sitzbänke).

Mit Auslieferung der ersten Serienfahrzeuge des gänzlich neu konstruierten und nach dem Baukastenprinzip gefertigten M.A.N.-Fahrzeuges, Typ 4510 und 4550, wurde der Ruf nach Vereinheitlichung endlich verwirklicht. Eingeteilt in die Nutzklassen 5/7/10 t wurden zunächst 8.600 Einheiten geländegängig (gl) eingeführt. Anfängliche Versuche, die Fahrzeuge schwimmfähig zu machen, wurden jedoch wieder verworfen.

Die Typen 4510 und 4610 (5 t) werden mit einer Motorleistung von 188 kW (256 PS) entweder mit Einheitspritsche zu Transportzwecken oder als Chassis für Spezialkoffer, wie zum Beispiel das Feuerleitgerät der Artillerie (FERA), genutzt. Die 7 t und 10 t Fahrzeuge treibt ein 235 kW (320 PS) Motor mit Turbolader an.

Geliefert wurde der Typ 4520, 7 t, als Pritschenfahrzeug, als Stargeräteträger für die Drohne CL 289 und für den Raketenwerfer 110 SF 2. Als Kipper in der Version Typ 5430 und mit verlängertem Radstand, als Trägerfahrzeug für das Faltschwimmbrückengerät als Typ 4550.

Die 10 t Ausführung wurde als Pritsche (Typ 4550) und mit Kran als Typ 4640 ausgeliefert.

Parallel zu diesen Einsatzarten wurden Versuche zur Nutzung als Wechsellader für das sogenannte »Multisystem« und als Trägerfahrzeug für den Prototyp des Festbrückengerätes der Firma Dornier angestellt.

Noch während die Auslieferung von Typ 45 und Typ 46 auf Hochtouren lief, machte sich M.A.N. daran, einige Baugruppen des Fahrzeuges neu zu gestalten. Dies war auf Grund einer Bestellung von 476 Sattelzugmaschinen durch die U.S. Armee für das System TOMAHAWK notwendig geworden. Am 30. April 1985 wurde dem BWB auf der Erprobungsstelle 41 in Trier der erste Lkw, ein 10 t Fahrzeug mit der Zusatzbezeichnung Kategorie 1 A1, vorgestellt.

Eine wesentliche Änderung zum Vorgängermodell war das hydraulisch kippbare Fahrerhaus, das eine bessere Zugänglichkeit zum Motor erlaubte. In 30 Minuten konnte jetzt der Motor ein- oder ausgebaut werden (zehn Stunden beim Vorgängermodell).

Zunächst wurden 35 Fahrzeuge zu Erprobungszwecken bestellt. Sie sollten für verschiedene Waffensysteme, die vor der Einführung standen, genutzt werden (PATRIOT, ROLAND, Faltfestbrücke, Faltstraße und LÜR).

Im Laufe der einzelnen Erprobungsphasen stellte man jedoch fest, daß die Fahrzeuge für die vorgesehenen Waffensysteme einer weiteren Änderung unterzogen werden mußten. Aus Gründen einer besseren Stabilisierung und Erhöhung der Nutzlast von 10 t auf 15 t wurde die Spurbreite für die Systeme PATRIOT, ROLAND sowie LÜR um 400 mm verbreitert und die Motorleistung auf 265 kW (360 PS) angehoben.

Die Fahrzeuge erhielten die Typbezeichnung Kategorie 1 A1 br.

Von den 1200 eingeführten Lastkraftwagen wurden ca. 500 mit verbreiteter Spur, der Rest als 5/7/15 Tonner in Pritschenversion mit und ohne Kran sowie als Antennenträger mit der Typbezeichnung Kategorie 1 A1 ausgeliefert.

Für die in den neunziger Jahren neu hinzukommenden Systeme (alle15 t mil gl), – die Antennenmastanlage 34 m (Richtfunk und HAWK), die LVL-Version ROLAND der KRK der Luftwaffe (7 t mil gl br), die mobile Antennenmastanlage 40 m (AMA 40) des Raumwellen-Antennen-Systems, das Artillerieortungsgerät COBRA, der Faltfestbrücken-Verleger und -Transporter, der MULTI mit Wechselladeeinrichtung – wurde ab 1993 der LKW M.A.N. Kategorie 1 A1.1 eingeführt oder für die Beschaffung vorgesehen.

Auch das Berge- und Abschleppfahrzeug, die schweren PATRIOT- und ROLAND- LFK-Fahrzeuge, sowie das neue Feuerlösch-Kfz, schwer, basieren auf dem M.A.N.-Fahrgestell Kat 1 A1.1.

Die für die neuen Lkw der Kat 1 A1.1 ausgewählten M.A.N.-Dieselmotoren entsprechen bereits der EURO-II-Norm.

Für die ab 1998 geplanten 2242 MULTI-Fahrzeuge

Mobile Flugsicherungsanlage, auf M.A.N 630 L2 A Koffer mit Tower-Aufbau und M.A.N 630 L2 AE Pritsche mit Peilanlage NP520. Beide Fahrzeuge waren für den Einsatz in Somalia vorgesehen, kamen jedoch nicht zum Einsatz. Die Fahrzeuge werden weiterhin von der Luftwaffe bereitgehalten und genutzt.

14 t, tmil, findet derzeit eine Vergleichserprobung zwischen Mustern der Firmen M.A.N. und IVECO statt. Das Wechselladesystem soll die Versorgung der Artillerie und anderer Waffengattungen sicherstellen. Für das Heer wird eine Version mit der Radformel 8x8 gl, für Marine und Luftwaffe sowie Teile des Heeres eine Straßenversion mit der Radformel 8x4 eingeführt werden. Die Entscheidung soll 1997 fallen.

Mit diesem System erhält die Truppe ein Fahrzeug, mit dem eine rasche Schwerpunktbildung, Reduzierung der Umschlaghäufigkeit, Optimierung der Transportkapazität, Zeitgewinn sowie die Möglichkeit der Personaleinsparung gegeben ist.

Aus der M.A.N.-Fahrzeugreihe FX 2000 wird eine weiterentwickelte Sattelzugmaschine (klein) beschafft. Dieser Fahrzeugtyp soll die bei der Bundeswehr eingeführten Sattelzugmaschinen leicht und mittel ablösen und zu einer weiteren Standardisierung beitragen.

Die geländegängigen Fahrzeuge der Firma M.A.N. dürfen als hervorragendes Ergebnis deutscher Technik angesehen werden und noch weit über das Jahr 2000 hinaus im Einsatz bleiben.

M.A.N Lkw 5 t, mil gl, der Folgegeneration Typ 4510/4610 mit Winde, hier abgebildet als Transportfahrzeug für die Kabine II Fm A. Techn. Daten: Dieselmotor-Direkteinspritzung, Hubraum 12.763 cm³, 188 kW (256 PS), 4x4, Allrad-Antrieb, Frontlenker, 8-Zylinder V-Motor (90°-V-Form), Radstand 4500 mm, Steigfähigkeit etwa 50%, Watfähigkeit 1200 mm, zulässiges Gesamtgewicht 14.460 kg, Nutzlast 5000 kg (mit Winde 4600 kg), Pritschengröße 5010x2376 mm, max. Geschwindigkeit 90 km/h, Fahrbereich 490 bis 540 km.

Antennenträger 40 m der Firma Hein-Lehmann für das Richtfunkgerät RV 1200/3000 A, als Rahmen-Kofferaufsatz auf einem M.A.N 630 L2 A.

Tankanlage 2x2300 l mit Pumpenanlage der Folgegeneration. Verlastet auf einem Lkw M.A.N Typ 4510, 5 t, mil gl.

M.A.N Lkw 7 t, mil gl, der Folgegeneration Typ 4520/4620 mit Winde.
Techn. Daten: Dieselmotor-Direkteinspritzung mit Abgasturbolader und Ladeluftkühlung, Hubraum 12.763 cm^3, 253 kW (320 PS), 6x6, Allrad-Antrieb, Frontlenker, 8-Zylinder V-Motor (90°-V-Form), Radstand 3800+1400 mm, Steigfähigkeit etwa 50%, Watfähigkeit 1200 mm, zulässiges Gesamtgewicht 19.100 kg, Nutzlast 7000 kg (mit Winde 6600 kg), Pritschengröße 5610x2376 mm, max. Geschwindigkeit 90 km/h, Fahrbereich 415 bis 450 km.

Der Hauptentstrahlungssatz (HEP) wird in den ABC-Abwehrbataillonen eingesetzt. Er ist auf einem M.A.N Typ 4520 verlastet. Besonderes Merkmal sind die Sprühdüsen zur Dekontamination unter den Stoßstangen und am Heck.

Der Kipper M.A.N Typ 4530 der Folgegeneration, mit einer Nutzlast von 7 t, eingeführt seit 1976, wurde für Pioniergerät und als Schüttguttransporter beschafft. Das Bild zeigt ein Fahrzeug mit modularem Schutz in der Ortschaft Visoko (Moslemisch-Kroatische-Föderation).

Der Lkw M.A.N Typ 4540, 10 t, mil gl mW, der Kfz-Folgegeneration wird für zahlreiche Sonderaufbauten genutzt. Standard ist jedoch die Ausführung Pritsche. Das Foto zeigt ein aus Somalia rückgeführtes Fahrzeug mit zwei verlasteten WIESEL mit PzAbwRak TOW.
Techn. Daten: Dieselmotor-Direkteinspritzung mit Abgasturbolader und Ladeluftkühlung, Hubraum 12.763 cm³, 253 kW (320 PS), 8x8, Allrad-Antrieb, Frontlenker, 8-Zylinder V-Motor (90°-V-Form), Radstand 1930+3670+1400 mm, Steigfähigkeit etwa 50%, Watfähigkeit 1200 mm, zulässiges Gesamtgewicht 25.400 kg, Nutzlast 11.600 kg (mit Winde 6600 kg), Pritschengröße 7110x2376 mm, max. Geschwindigkeit 90 km/h, Fahrbereich 360 bis 385 km.

Lkw M.A.N Typ 4640 mit Ladekran 1 t der Firma Teha. Seit 1976 wurden 2100 Fahrzeuge 10 t, mil gl mW, beschafft. Nutzlast mit Ladekran: 10.000 kg.

Fahrgestell 15 t, mil gl, KAT A1 (M.A.N Typ 30.360 VAE G), mit Luftraum-Überwachungs-Radar LÜR von AEG-Telefunken (heute DASA). Techn. Daten: Turbodieselmotor 11.967 cm³, 265 kW (360 PS), Radstand 1930+3570+1500 mm.

Mobiler Antennenträger 34 m der Firma MBB auf M.A.N Lkw 7 t mil gl, KAT A 1.1, für die mobile Richtfunkanlage des AUTOFUE FM-Netzes der Luftwaffe. Der Mast läßt sich stufenlos ausfahren.

M.A.N Lkw 15 t mil gl, KAT 1 A1.1, 8x8 MULTI. 6-Zylinder M.A.N-Diesel-Reihenmotor mit Abgas-Turboaufladung, Ladeluftkühlung, Direkteinspritzung und Wasserkühlung. Der Kühler ist auf dem Motor installiert. Die Wechselladeeinrichtung stammt von der Firma ATLAS Weyhausen, Typ AWL 172T. 358 Fahrzeuge wurden für die Krisenreaktionskräfte (KRK) des Heeres von 1996 bis 1997 beschafft. Die Übergabe des 1. Serienfahrzeuges erfolgte am 23. Oktober 1996. Ein Teil der Fahrzeuge wird einen modularen Schutz erhalten.
Techn. Daten: Hubraum 11.967 cm^3, Leistung 294 kW (400 PS), Radstand 1930+3300+1500 mm, Wattiefe 1200 mm.

Die zu einem Eloka-Vorhaben gehörende 40-m-Antennenmastanlage (AMA 40) mit mobilem Raumwellen-Antennen-System, auf einem Lkw 15 t mil gl, KAT A1.1., verlastet.

Derzeit wird das Berge- und Abschleppfahrzeug BKF 30.40, 8x8, bestehend aus dem M.A.N Grundfahrgestell Typ 32.422 VFAEG und einem FAUN Bergekran, erprobt. Eingesetzt werden soll das Fahrzeug bei ROLAND und PATRIOT-Einheiten zum Bergen der überschweren Systemfahrzeuge.
Techn. Daten: Wassergekühlter 6-Zylinder M.A.N 4-Takt-Dieselmotor, 309 kW (420 PS), Radstand 1930+3570+1500 mm, Steigfähigkeit etwa 50%, zulässiges Gesamtgewicht 29.500 kg, Anhänge-/Schlepplast 30.000 kg, Gesamtzuggewicht 60.000 kg, max. Geschwindigkeit 90 km/h.
Aufbau: FAUN-Bergekran, Hublast 15,3 t bei 4,8 m Ausladung, Abschlepp- und Bergeeinrichtung von der Fa. Rotztler.

Das Feuerlösch-Kfz schwer, mit Aufbau der Firma Kronenburg, auf modifiziertem M.A.N-Fahrgestell, KAT 1 A1.1. Ab 1997 soll es die bisherigen schweren Feuerwehrfahrzeuge der Firma Faun ergänzen bzw. ablösen. Die Löscheinrichtungen bestehen aus einem Schaum-/Wasserwerfer, Stoßstangenwerfer, Schnellangriffseinrichtung für Wasser/Schaum und Pulver, sowie einer Schaummittelzumischanlage. Zur weiteren Ausrüstung gehören vier Atemgeräte (Kurzzeit) mit Reserveflaschen, ein Stromerzeuger 8 kVA, ein Lichtmast 2000 Watt sowie eine feuerwehrtechnische Ausrüstung. An Löschmitteln können mitgeführt werden: 7000 l Wasser, 600 l Schaummittel, 250 kg Löschpulver. Die Pumpe fördert ca. 5500 l/min bei 16 bar, die Fördermenge der Schaummittelpumpe beträgt ca. 400 l/min bei 18 bar.
Techn. Daten: Fahrgestell 8x8, allradgetrieben, Motorleistung 735 kW (1000 PS), Beschleunigung 0 - 80 Km/h in 21 sek., Höchstgeschwindigkeit ca. 130 km/h, Automatikgetriebe, Bremsanlage ABS, Fahrerhaus klimatisiert, max. Fahrzeuggewicht 33 t.

Ein Erprobungsträger für 5 t Nutzlast: M.A.N.-Pritschenversion, Typ 14.232 FX, 4x2, der Baureihe FX 90.

1992 wurde der Erprobungsträger Modulfeuerwehr von M.A.N Typ 24.360 DFA EG, beschafft, jedoch nicht eingeführt. Das Basisfahrzeug ist ein Prototyp des Nachfolgemodells M.A.N KAT 1 A1. Es ist mit mehreren Modifizierungen versehen, unter anderem mit einem kippbaren Führerhaus.
Techn. Daten: Turbodieselmotor 11.967 cm^3, 265 kW (360 PS), Radstand 4250+1500 mm.

Für die mobile Dekontaminationsausstattung (HEP-90) wird die M.A.N Sattelzugmaschine klein, Typ 19.403 FALSX, eingeführt. Das als HEP-90 bezeichnete Dekontaminationsgerät für die Komponenten Bekleidung, Personen, Großgerät und Sondergerät der ABC-Abwehrtruppe, löst in den nächsten Jahren das veralterte System HEP-70 ab. Das System ist vollmobil und besteht im wesentlichen aus verlastbaren Containern. Die Abbildung zeigt den kompletten Zug »Personendekontaminierung«, Leistung: 62 Soldaten/h. Hauptauftragnehmer für die Entwicklung ist neben dem BWB die Deutsche Aerospace AG, Friederichshafen/Bodensee. Ein noch auszuwählender 25-t-Sattelauflieger, der einen 10-ft-Aggregate- und einen 30-ft-Dekontaminations-Container aufnimmt, ist ebenfalls vorgesehen.
Techn. Daten Sattelzugmaschine: 6-Zylinder-Reihenmotor mit Abgas-Turboaufladung und Ladeluftkühlung, Hubraum 11.967 cm³, 294 kW (400 PS), 4x4, Allrad-Antrieb, Frontlenker, Radstand 3500 mm, Steigfähigkeit techn. zul. 30%, Watfähigkeit 700 mm, zulässiges Gesamtgewicht 18.400 kg, max. Geschwindigkeit 108 km/h.

Lkw 8x8 MULTI von M.A.N, Typ 32.403 VFX. Das Fahrgestell wurde von einem handelsüblichen Baustellenfahzeug abgeleitet. Das Fahrerhaus in modularer Bauweise bietet drei Soldaten Platz. Die Wechselladeeinrichtung stammt von der Firma ATLAS Weyhausen und trägt die Typbezeichnung AWL 172 T.
Techn. Daten: M.A.N Diesel, 6-Zylinder Reihenmotor mit Turboaufladung und Ladeluftkühlung, Motorleistung 294 kW (400 PS), Hubraum 11.967 cm³, Nutzlast 14 t, Watfähigkeit 750 mm, Bereifung 14.00R20 XZL.

Logistisch verwandte Version des MULTI 8x8 für den allgemeinen Stückguttransport bei allen Teilstreitkräften, insbesondere aber bei der Luftwaffe. Bereifung 13R22,5.

6.3. IVECO-Magirus

6.3.1. Fahrzeuge, leicht

Bis auf wenige, nicht eingeführte Prototypen 130 M FAL und 40-10 WM (4x4) ist IVECO-Magirus in dieser leichten Klasse nicht vertreten. Als handelsübliches Fahrzeug kam mit dem 65-12 Turbo-Daily in den letzten Jahren ein Kfz zu den Standortverwaltungen, das im Unterschied zu Fahrzeugen von Ford und Mercedes nur in kleineren Stückzahlen eingesetzt wird. Eine Teilmilitarisierung wurde bei diesen Fahrzeugen nicht durchgeführt. Ein besonderes Merkmal ist die zivile Farbgebung in blau und rot.

IVECO Turbo Zeta. 1990 wurden 33 Lkw IVECO-Fiat, Typ 65-12, für zentrale Dienststellen der Bundeswehr, wie Wehrbereichsverpflegungsämter und Standortverwaltungen, beschafft. Der Radstand beträgt 3600 mm. Motor 85 kW (115 PS).

6.3.2. Fahrzeuge, mittelschwer, tmil

Zeitgleich zur Beschaffung (1977-1988) einer großen Anzahl tmil Fahrzeugen von Mercedes-Benz erhielt IVECO-Magirus den Auftrag zur Lieferung von zunächst 7000 Einheiten des Typs 168 A 11 FL (5 t). Eingesetzt werden diese Fahrzeuge für die unterschiedlichsten Aufgaben bei allen Teilstreitkräften. Sie dienen als Träger für Kabinen und verschiedene Rüstsätze.

Jahre später wurde ein weiteres Los vom Typ 110-17 AW, diesmal in der Ausführung geländegängig, beschafft. Besonderes Merkmal ist der hohe Abstand zwischen Chassis und Rahmen. Sie werden ebenfalls als Rüstsatzträger, Fernmeldestelle oder Küchenfahrzeug mit Kochanhänger (Fa. Kärcher, gesamtes Zubehör von der Gabel bis zur Pfanne befindet sich im Fahrzeug) eingesetzt.

Eine Besonderheit sind einige in den letzten Jahren beschafften Fahrschulwagen, Typ 110-17 AW-2 mit Doppelkabine und fünf Sitzplätzen, zur Schulung von Fahrschullehrern.

Der Magirus-Deutz 168M11FL ist ein 5-t-Lkw, tmil 4x2, der zeitgleich zum Mercedes Benz 1017 ab 1978 beschafft wurde. Techn. Daten: Hubraum 6128 cm³, 124 kW (168 PS), 4x2, Hinterrad-Antrieb, Frontlenker, 6-Zylinder Reihenmotor, Radstand 3600 mm, Ladefläche 5000x2370 mm, zulässiges Gesamtgewicht 11.200 kg, Nutzlast 5000 kg, max. Geschwindigkeit 86 km/h, Fahrbereich 500 km.

Der IVECO-Magirus 110-17AW gl, 4x4, ist ein vorwiegend beim Heer eingesetzter Lkw mit einer Motorleistung von 124 kW (168 PS). Er dient insbesondere als Zugmaschine der neuen Anhängerküche von Kärcher.

Fahrschul-Lastkraftwagen IVECO-Magirus, Typ 110-17AW, mit Doppel kabine und sieben Sitzplätzen. Der Radstand beträgt 4600 mm, die Pritsche hat eine Länge von 5000 mm.

6.3.3. Fahrzeuge, schwer

Nur wenige der einstmals fast 10.000 geländegängigen Fahrzeuge des Magirus-Deutz-Jupiter Typ 178 D 15A sind derzeit noch im Bestand der Bundeswehr. Speziell der Typ TW 931 mit einem Kran der Fa. Wilhag/Kirsten versieht noch seinen Dienst. Dies jedoch nur, weil in der Tonnageklasse des Kranes kein anderes Fahrzeug verfügbar ist. Ansonsten sind alle Pritschen und Kofferfahrzeuge des Magirus-Deutz-Jupiter ausgemustert.

Einen direkten Nachfolger der geländegängigen Version von IVECO-Magirus gab es bei der Bundeswehr nicht mehr. Dafür wurde in den letzten Jahren eine Anzahl SZgM MD 320 D 22 FS für nahezu sämtliche Spezialsattelauflieger der Bundeswehr beschafft. Inzwischen ist eine modifizierte Version, der Typ 220-32 AHW mit geändertem Fahrerhaus und ABV gemäß StVZO, ausgeliefert worden.

Mit der Bezeichnung MD 310 D 26 FAK wurde für Pioniereinheiten der Luftwaffe ein Dreiseitenkipper eingeführt. Auch er wird von einem neuen Kipper von IVECO-Magirus, Typ 260-32 AHW, ergänzt bzw. abgelöst.

22 Sprengschachtfertiger der Firma Wirth (Typ B3A) auf Fahrgestell Magirus Typ 320 D 20 FAT werden derzeit konserviert bereitgehalten. Ursprünglich als Schachtbohrer (unter anderem für Atomminen) entlang der Grenze zum ehem. Warschauer Pakt vorgesehen, wurden die Fahrzeuge später als Brunnenbohrgeräte eingesetzt. Ihre Fähigkeiten konnte die Bundeswehr zuletzt beim Somalia-Einsatz (Dorfbrunnenbau) unter Beweis stellen.

Bei der Vergleichserprobung Wcchsclladesystem MULTI ist neben M.A.N. auch IVECO mit Fahrzeugen vertreten, die auf Fahrgestellen der Typen 320 E 42 W, 8x8, und 320 E 42 H, 8x4, basieren. Die Entscheidung für den Zuschlag soll 1997 fallen.

Autokran Wilhag, Typ TW 931 A, auf Fahrgestell des KHD Jupiter 7 t. Tragkraft 5,5 t (mit an der Frontstoßstange aufgesetzten Gegengewichten). Techn. Daten: Vielstoffmotor 12,6 l, 130 kW (178 PS), Radstand 3760+1280 mm.

KHD 150D10, Baujahr 1962, mit der Magirus Drehleiter DL 30 h. Beim Marinearsenal Wilhelmshaven seit 30 Jahren im Einsatz.

Erdbohrgerät B3A der Fa. Wirth auf Lkw Magirus 320 D20 FAT. Motorleistung 228 kW (310 PS), Radstand 3500+1380mm. Das in UN-Weiß gestrichene Fahrzeug wurde in Somalia zum Bohren von Trinkwasserbrunnen eingesetzt.

Flugfeldtankwagen 8000 l der Firma Kroll auf einem Fahrgestell Magirus-Deutz 320 D20 FAT.
Techn. Daten: Luftgekühlter Dieselmotor, Hubraum 15.962 cm³, 228 kW (310 PS), 6x6, Frontlenker, V-10-Zylinder, Radstand 3500+1380 mm, zulässiges Gesamtgewicht 19.500 kg.

Straßentankwagen 18.000 l auf Magirus-Deutz Fahrgestell 320 D26 FT und Tankaufbau der Firma Stadler. Nachfolgemodell ist der IVECO-Magirus 200-32AHW.
Techn. Daten: Luftgekühlter Dieselmotor, Hubraum 15.962 cm³, 228 kW (310 PS), 6x4, Frontlenker, V-10-Zylinder, Radstand 4600+1320 mm, zulässiges Gesamtgewicht 26.000 kg.

Schlammsaugwagen der Firma Eichhoff auf Magirus-Deutz 320 D26 FA mit 7000-l-Tank; davon 6000 l Schlammkammer, 200 l Kühlwasser und 800 l Frischwasser für Reinigungsarbeiten.

Tanksattelzug bestehend aus Sattelzugmaschine Magirus 320 D22 FS und Flugfeldtankwagen 24.000 l, Typ 2300033 der Schwelmer Eisenwerke. Beschafft ab 1978. Techn. Daten Sattelzugmaschine: Hubraum 15.963 cm³, 228 kW (310 PS), 6x4, Frontlenker, V-10-Zylinder, Radstand 2850+1320 mm, zulässiges Gesamtgewicht 22.000 kg, Sattelzug 43.780 kg.

Straßentanksattelzug 30.000 l, beschafft ab 1980. Bestehend aus Sattelzugmaschine Magirus-Deutz, Typ 320 D22 FS, und Tankauflieger, Typ 2300107, der Firma Stadler mit Seitenunterfahrschutz.

Ab 1985 wurde der Satteltieflader P528-803 der Fa. Blumhardt mit der Magirus-Deutz Sattelzugmaschine, Typ MD 320 D22 FS, ausgeliefert. Die Ladefläche eignet sich mit ihren Maßen von 8500x2750 mm besonders zum Tranport sperriger Güter.

IVECO-Magirus 260-30AHW mit Meiller-Kipperaufbau. Beschafft ab 1986 als Ersatz für den Magirus-Deutz 310 D26 FAK. Radstand 3500+1380 mm.

IVECO-Magirus, Typ 200-32AHW, Flugfeldtankwagen 8000 l mit Tankaufbau der Firma Kroll, beschafft ab 1988. Techn. Daten: Luftgekühlter Dieselmotor, Hubraum 15.963 cm³, 235 kW (320 PS), Radstand 3500+1380 mm.

IVECO-Magirus 260-32AH Straßentankwagen 18.000 l mit Tankaufbau der Firma Stadler, beschafft ab 1988. Motor 235 kW (320 PS), Radstand 4600+1320 mm.

Straßentankwagen 30.000 l, Typ 2300107, der Firma Stadler mit Sattelzugmaschine IVECO-Magirus 220-32AHT. Ab 1994 wurden diese Sattelanhänger mit einem Seitenunterfahrschutz versehen.

Straßentankwagen (STW) 8x8 GECONIFOR der Industriewerke Saar (IWS). Die Übergabe des ersten Serienfahrzeuges an die Truppe erfolgte am 27. Juni 1996. Beschafft werden 40 Fahrzeuge, davon 26 mit modularer Schutzausstattung.
Das geländegängige und geschützte Fahrzeug wurde speziell für das deutsche Truppenkontingent in Kroatien entwickelt (oberes Bild).
Techn. Daten: Tankvolumen 18.000 Liter, 4-Achs-Fahrgestell vom Typ IVECO in Blattgefederter Variante, Zulässiges Gesammtgewicht 32.000 Kg.

Lkw Eurospecial, 320 E 42 W, 8x8 MULTI der Fa. IVECO. Wie das M.A.N-Fahrzeug von einem handelsüblichen Baustellenfahrzeug abgeleitet. Wechselladeeinrichtung der Fa. ATLAS Weyhausen, Typ AWL 172 T. Fahrerhaus für drei Soldaten. Techn. Daten: Sechszylinder 4-Takt-Dieselmotor mit Direkteinspritzung, Aufladung und Ladeluftkühlung, Motorleistung 309 kW (420 PS), Hubraum 13.798 cm^3, Nutzlast 14 t, Gesamtlänge 9112 mm, Bodenfreiheit 430 mm, Watfähigkeit 750 mm, Bereifung 14.00R20.

Auf dem Fahrgestell des IVECO-Dreiachser, Typ MP 260 E 42/P, wurden ab 1995-38 kombinierte Kanalreinigungsfahrzeuge für Standortverwaltungen beschafft. Das Fahrzeug hat ein Gesamtgewicht von 26 t und wird von einem 13,8 l Sechszylinder-Reihenmotor mit 309 kW (420 PS) Leistung angetrieben. Die Firma Müller Umwelttechnik lieferte den Aufbau. Der hinterkippbare Behälter hat ein Volumen von 13,5 m3 (4,5 m3 für Spülwasser, 9 m3 für Schlamm). Die Fahrzeuge sind mit Saug- und Hochdruckpumpen ausgerüstet, das Spülwasser kann durch eine Wasseraufbereitungsanlage rückgewonnen werden.

Eine logistisch verwandte Version des MULTI 8x8 stellt der IVECO-Lkw Eurospecial, 320 E 42 H, dar. Er dient dem allgemeinen Stückguttransport. Abweichende techn. Daten: Bodenfreiheit 310 mm, Bereifung 13R22,5 schlauchlos.

6.4. Robour/IFA

6.4.1. ROBUR

Im Gegensatz zur Bundeswehr, die zum Zeitpunkt ihrer Aufstellung 1955/56 bei der Grundausstattung mit Fahrzeugen den Weg der Eigenentwicklung ging (abgesehen von einigen spezifischen US-Radfahrzeugen), wurde die NVA anfangs fast ausschließlich mit Fahrzeugen aus sowjetischer Produktion ausgerüstet. Die Fahrzeugproduktion der DDR befand sich damals noch im Aufbau.

Erst mit dem Zulauf des Lkw LO 1800 A (ab 1961) der VEB-Roburwerke Zittau erhielt die NVA ein leistungsstarkes Transportfahrzeug mit sehr guten Geländeeigenschaften. Das Fahrzeug wurde als Mannschaftstransportwagen, als Zugfahrzeug für Granatwerfer, Flak- und Artilleriewaffen; mit dem Standardkoffer Typ I oder Typ II als Werkstatt-, Sanitäts- oder Funkfahrzeug, aber auch als Wasserfilterstation genutzt.

Die Typreihe wurde 1967 durch Einführung des LO 1801 A und 1973 des LO 2002 A ergänzt. Alle drei Varianten waren 1990 noch im Bestand der NVA. Schwerpunktmäßig wurde der Typ LO 2002 A mit Faltkoffer

Lkw LO 2002 A, Ausführung mit Holzpritsche, Plane und Spriegel. Hergestellt von den Robur-Werken, die das Fahrzeug ab 1973 an die NVA auslieferten. Nur noch wenige Fahrzeuge werden derzeit von der Bundeswehr zum Transport von Material herangezogen. Die Einsatzzeit dürfte jedoch bald beendet sein.
Techn. Daten: Motorleistung 55 kW (75 PS), Hubraum 3345 cm³, 4-Zylinder Reihenmotor, Frontlenker, Allradantrieb, Steigfähigkeit 55%, max. Geschwindigkeit 85 km/h, zulässige Dauergeschwindigkeit 70 km/h, Fahrbereich 515 km.

Nur wenige Löschfahrzeuge LO 2002 A LS-1 wurden nach der Wende übernommen, jedoch schon nach kurzer Zeit durch das Feuerlöschfahrzeug Unimog TLF 1000 ersetzt. Die Fahrzeuge wurden an Hilfsorganisationen und Feuerwehren abgegeben. Techn. Daten: Motorleistung 55,2 kW (75 PS), Hubraum 3345 cm^3, 4-Zylinder Reihenmotor, Steigfähigkeit 34%, Watfähigkeit 800 mm, max. Geschwindigkeit 85 km/h, zulässige Dauergeschwindigkeit 75 km/h, Fahrbereich 400 km, Radstand 3025 mm. Tankinhalt zur Erzeugung von Leichtschaum: 1000 l.

für Stäbe, als San- oder Funkfahrzeug mit LAK I ausgestattet.

Eine Anzahl dieser Fahrzeuge wurde nicht nur von der Bundeswehr, sondern auch von anderen Organisationen, wie etwa dem THW-Ost, übernommen und weiterbetrieben.

Die Betriebserlaubnis für die von der Bundeswehr übernommenen Fahrzeuge sollte Ende 1994 ablaufen, wurde jedoch in einigen Fällen auf Antrag verlängert.

Von den Kleinbussen der Robur-Reihe wurden nach 1990 die Typen LO 3000 B und LO 3001 B weiterbetrieben.

6.4.2. IFA

Der aus dem Prototyp W 45 hervorgegangene IFA W 50 L des VEB Automobilwerkes Ludwigsfelde wurde in den Jahren 1966 bis 1970 als W 50 L/A von der NVA eingeführt. Das Fahrzeug hatte einen 92 kW (125 PS) Dieselmotor und war als hinterachsangetriebener Frontlenker mit der Antriebsformel 4x2 ausgelegt. Der W 50 L/A zeigte sehr gute Straßen-, aber nur mäßige Geländeeigenschaften. Abweichend vom Typ W 50 L war das Fahrzeug serienmäßig mit einer Ausgleichsgetriebesperre an der Hinterachse ausgerüstet und in mehr als 20 verschiedenen Ausführungen bei der NVA vertreten.

Zu den – neben der reinen Pritschenversion – von der Bundeswehr übernommenen Lkw-Typen gehörten unter anderem die Straßenkehrmaschinen W 50 L/ KM 2301, W 50 L/RK, der W 50 L/LB mit Ladebordwand, der W 50 L/L-LDK 1250 (mit Ladekran 1250 kg) sowie einige Thermofahrzeuge.

Standardfahrzeug in der Tonnageklasse bis 5 t dürfte aber der in der NVA mit über 6.000 Exemplaren vorhandene Typ W 50 LA/A, 1969 neu entwickelt, gewesen sein. Mehr als 50 verschiedene Aufbauvarianten waren auf dem Fahrgestell im Einsatz. Das Fahrzeug war mit einer Reifendruckregelanlage, Allradantrieb, Seilwinde und Lenkhilfe ausgerüstet. Durch seine großvolumigen Niederdruckreifen zeigte er sehr gute Geländeeigenschaften.

Die Bundeswehr übernahm hauptsächlich Fahrzeuge der Pritschenversion. Es wurden aber auch vereinzelt Kräne, Feuerwehren, Transportfahrzeuge mit Werkstattkoffer und Fahrzeuge mit Spezialaufbauten für die Luftwaffe, das Heer (Hubschrauberstaffeln) und die Marineflieger übernommen.

1988 führte die NVA Lastkraftwagen der neuen Baureihe Typ L 60 ein. Äußerlich seinem Vorgänger W 50 ähnelnd, zeigte er aber wesentliche Verbesserungen, wie den auf 132 kW (180 PS) leistungsgesteigerten Dieselmotor. Der Typ L 60 war mit Niederdruckreifen, einer Reifendruckregelanlage und permanent zugeschaltetem Allradantrieb ausgestattet und wies hervorragende Geländeeigenschaften auf. Das Fahrerhaus konnte nach vorne gekippt werden, eine integrierte, leistungsfähige Seilwinde rundete das Erscheinungsbild des »letzten« neuen Lastkraftwagen der NVA ab. Vom L 60 übernahm die Bundeswehr hauptsächlich die Pritschenversionen mit den Radformeln 4x2 und 4x4.

Lkw W 50L/A, Ausführung mit Holzpritsche. Das Fahrzeug war bei der NVA zum Transport von 27 Soldaten zugelassen. Bei der Bundeswehr wird es jedoch ausschließlich zum Materialtransport verwendet und laufend ersetzt. Nur noch wenige Fahrzeuge befinden sich im Bestand. Techn. Daten: Hubraum 6560 cm³, 4-Zylinder Reihenmotor, Steigfähigkeit 35%, Watfähigkeit 850 mm, max. Geschwindigkeit 90 km/h, zulässige Dauergeschwindigkeit 75 km/h, Fahrbereich 825 km, Radstand 3200 mm.

Das dargestellte Fahrzeug zeigt den Typ L 60 AC-N, 4x4, mit aufgesetztem LAK II. Die LAK II wurden in der Bundeswehr zumeist in der Werkstattausführung genutzt. Techn. Daten: Hubraum 9160 cm³, 6-Zylinder Reihenmotor, Frontlenker, Steigfähigkeit 55%, Watfähigkeit 1200 mm, max. Geschwindigkeit 100 km/h, zulässige Dauergeschwindigkeit 80 km/h, Fahrbereich 1000 km, Radstand 3816 mm.

Das Anlaßgerät AG-3 auf Basis-Kfz W 50 LA/Z/A dient zum Anlassen von Flugzeug- und Hubschraubertriebwerken sowie zur Versorgung des Bordnetzes mit Strom. Das Fahrzeug war bei der MFHG in Parow, Mecklenburg-Vorpommern, eingesetzt.

Autodrehkran ADK 125/3 der ehemaligen Karl-Marx-Werke in Babelsberg. Von der Bundeswehr übernommen und im Inventurbestand vom Juni 1996 mit 18 Fahrzeugen geführt. Der ADK besitzt einen hydraulisch betriebenen Teleskoparm mit einer Nutzlast von 13.000 kp und ist für Kran- und Bergearbeiten einsetzbar. Techn. Daten: Motorleistung 140 kW (191 PS), Hubraum 9840 cm^3, 6-Zylinder Reihenmotor, Frontlenker, Allradantrieb 4x4, Steigfähigkeit 50%, Watfähigkeit 600 mm, max. Geschwindigkeit 70 km/h, zulässige Dauergeschwindigkeit 60 km/h, Fahrbereich 650 km, Radstand 4100 mm.

6.5. Faun

Als Hauptlieferant für schwere Fahrzeuge trat in den Anfangsjahren der Bundeswehr überwiegend die Firma Faun mit Sattelzugmaschinen, Zugmaschinen, Kippern und Kränen auf. Diese Fahrzeuge waren bei allen Teilstreitkräften im Einsatz. In den siebziger Jahren zeichnete sich bereits eine Aussonderungswelle ab, die zum fast vollständigen Verschwinden dieser Fahrzeuge führte.

Für PATRIOT- und ROLAND-Einheiten steht derzeit der Prototyp eines kombinierten Abschlepp- und Kranwagens, Typbezeichnung BKF 30.40, in Erprobung. Planungen zufolge sollen alle Staffeln jeweils ein Fahrzeug erhalten, da der vorhandene 4 t Wilhag-Kran auf Jupiterfahrgestell zu schwach ausgelegt ist.

Nachfolgemodelle der schweren Klasse der Firma Faun wurden nicht mehr eingeführt. Lediglich die Schwerlasttransporter der Typen SLT 50/2 (ELEFANT) 50 t und der etwas abgespeckte Typ FS 42.75/42 für 56 t Auflieger sind in einer Stückzahl von 370 Einheiten in den Jahren von 1980 bis 1990 beschafft worden.

Zusammen mit den voll geländegängigen, vierachsigen Panzertiefladern von Krupp (320 Einheiten) und den nicht geländegängigen, sechsachsigen Tiefladern der Firma Kässbohrer (50 Einheiten), sind diese Fahrzeuge für die Panzertruppe unverzichtbar geworden.

Eine weitere Besonderheit sind die überschweren Feuerlöschfahrzeuge der Typenreihe LF 16.30/45VA/LF

Schwerlasttransporter, bestehend aus der FAUN Sattelzugmaschine SLT 50-2 ELEFANT und dem Satteltieflader 50 t, 8 Rad, der Firma Kässbohrer.
Techn. Daten: Dieselmotor mit Abgasturbolader, V8 (90°-V-Form), Hubraum 29.920 cm³, 536 kW (730 PS), 8x8, Allrad-Antrieb, Frontlenker, Radstand 1500+2700+1500 mm, Watfähigkeit 800 mm, Nutzlast 52 t. Satteltieflader 7800+3150 mm, max. Geschwindigkeit 65 km/h (40 km/h bei 52 t Last), Fahrbereich 500 km.
Die Sattelzugmaschinen (schwer) erhalten ab 1995 neue Motoren der Fa. DEUTZ MWM. Dabei handelt es sich um 12-Zylinder-Dieselmotoren mit Direkteinspritzung, Abgasturboaufladung und Ladeluftkühlung. Die Leistung beträgt 540 kW (735 PS) bei einer Drehzahl von 2100/min. Die Umrüstung aller 328 Fahrzeuge soll 1999 abgeschlossen sein.

2.30/45V/LF 40.30X2/48V. Die als TroLF 3000 (4x4), TroLF 3500 (6x4) und TroLF 8000 (8x8) bezeichneten Fahrzeuge haben gemeinsame Baugruppen wie Motor, Rahmen und Achsen. Ein SEA (5 KVA) und ein 2000-Watt-Arbeitsscheinwerfer sind bei allen drei Typen vorhanden. Als Antrieb dient beim LF 3000 und beim LF 3500 je ein KHD-Dieselmotor, beim LF 8000 zwei Motoren gleichen Typs. Die vorhandenen 110 Fahrzeuge werden auf Fliegerhorsten, Truppenübungsplätzen und in Depots eingesetzt.

Interessant sind die seit Einführung der Fahrzeuge wechselnden Farbgebungen: ausgeliefert in rot, umgespritzt in oliv-grün, später mit Fleckentarnanstrich versehen und seit 1994 wieder signalrot.

Für die »geplante« neue Fahrzeuggeneration sind auch Feuerwehrfahrzeuge anderer Firmen in der Erprobungsphase, jedoch wird noch entschieden, wer den Serienauftrag bekommt.

Als Vergleichsmuster für die inzwischen neuen Kranfahrzeuge (Entscheidung zu Gunsten der Firma Liebherr),wurden einige zwei- und dreiachsige Faun-Kranfahrzeuge des Typs RTF 30 geliefert, jedoch nicht eingeführt. Die Fahrzeuge werden bei Bundeswehrdienststellen aufgebraucht.

Die Sattelzugmaschine (schwer), FAUN FS 42.75/42, wurde ab 1987 beschafft. In Auftrag gegeben und geliefert wurden 49 SaZgM. Sie werden sowohl als Zugmaschine für den Satteltieflader 50 t, 8 Rad, als auch für den 56 t, 12 Rad, Sattelanhänger eingesetzt. Techn. Daten: Dieselmotor mit Abgasturbolader, V12 (90°-V-Form), Hubraum 19.144 cm³, 386 kW (525 PS), 8x6, Frontlenker, Radstand 1500+2700+1500 mm, Watfähigkeit 450 mm, Nutzlast 56 t. Sattelanhänger 9100+3150 mm, max. Geschwindigkeit 67 km/h, Fahrbereich 660 km.

Ab 1987 wurde das Feuerlösch-Kfz LF 3000 der Firmengruppe Bachert-Ziegler in Ausführung Pulverlöschfahrzeug auf einem FAUN Fahrgestell LF 16.30/45, 4x4, eingeführt. Techn. Daten: Luftgekühlter Dieselmotor, V8 , Hubraum 12.720 cm³, 235 kW (320 PS), 4x4, Allrad-Antrieb, Frontlenker, Radstand 4500 mm, max. Geschwindigkeit 97 km/h. Löschanlage: 3000 kg Löschpulver.

Zeitgleich wurde das Feuerlösch-Kfz LF 3500, ebenfalls von der Bachert-Ziegler Firmengruppe, auf FAUN Fahrgestell LF 22.30/45V, 6x6, ausgeliefert. Die Abbildung zeigt das Löschfahrzeug mit Pilotenrettungsbühne des Mercedes Benz U 1300 L/LF 1000, Unimog.
Techn. Daten: Luftgekühlter Dieselmotor, V8 , Hubraum 12.720 cm³, 235 kW (320 PS), 6x4, Frontlenker, Radstand 1500+3750 mm, max. Geschwindigkeit 97 km/h. Löschanlage: 3500 l Wasser, 750 kg Löschpulver.

Feuerlösch-Kfz der Firmengruppe Schörling-Kronenberg auf FAUN Fahrgestell LF 40.30x2/48V, 8x8, mit modifiziertem (verkürztem) Strahlrohr. Das Fahrzeug ist in den Farben gelboliv RAL 6014, bronzegrün, im Dreifarben-Flecktarnanstrich und in feuerrot vorzufinden.
Techn. Daten: Zwei luftgekühlte Dieselmotoren, 2x V8 , Hubraum 12.720 cm³, 2x 235 kW (320 PS), 8x8, Allrad-Antrieb, Frontlenker, Radstand 1500+3300+1500 mm, max. Geschwindigkeit 96 km/h. Löschanlage: 8100 l Wasser, 900 l Schaummittel.

Der Fahrzeugkran 20 t der Firma FAUN, Typ RTF 30-2, wurde 1988 für Vergleichserprobungen beschafft.
Techn. Daten: Dieselmotor 12.763 cm³, 177 kW (240 PS).

6.6. Liebherr

Mittlerweile dürfte die württembergische Firma Liebherr (Ehingen) zum Hauptlieferant der Bundeswehr für Kranfahrzeuge der verschiedensten Klassen geworden sein. Waren in den Anfangsjahren Kräne der Firmen Faun, Krupp, O&K und Wilhag vorherrschend, so spricht ein Auftrag zur Entwicklung und Lieferung von 251 Liebherr-Kränen des Typs FKL (10 t) und 208 Kränen des Typs FKM (20 t) für sich. Diese Kranfahrzeuge repräsentieren hochmoderne Technik, gepaart mit Geländegängigkeit und Robustheit.

Neben diesen Fahrzeugen sind noch Kräne der Hersteller Gottwald, Krupp und Faun, wenn auch in gerin gen Stückzahlen, bei der Pioniertruppe und bei der Marine im Einsatz. Erwähnenswert sind in die im Marinearsenal Wilhelmshaven eingesetzten Spezialkräne für 40 t und 50 t und der als Einzelfahrzeug vorhandene Krupp-Kran (Knickgelenk mit besonders langem Kranausleger) bei der Erprobungsstelle für Artillerie in Meppen (zwischenzeitlich ausgemustert).

Ab 1991 beschaffte die Bundeswehr 251 Liebherr-Mobilkräne des Typs FKL (Fahrzeug-Kran Leicht), 2-achsig. Das Fahrzeug hat eine Tragkraft von 10 t. Motorleistung 188 kW (256 PS), Geschwindigkeit 80 km/h. Gesamtgewicht bei voller Ausrüstung 17,6 t, Watfähigkeit 1,2 m, Steigfähigkeit 60%. Maximale Hakenhöhe 14,5 m.

Für den Somalia-Einsatz wurde dieser FKM (Fahrzeug-Kran Mittel) der Firma Liebherr weiß lackiert. Er gleicht dem FKL, hat jedoch drei Achsen und eine Tragkraft von 20 t. 208 FKM wurden beschafft. Gesamtgewicht 27,6 t, maximale Hakenhöhe 23 m. Ein 188 kW (320 PS) Motor verleiht dem Fahrzeug eine Geschwindigkeit von 75 km/h.

Liebherr-Fahrzeugkran für Hafenumschlag, Typ LT 1050, mit 50 t Tragkraft. Ein Kran wurde 1975 für das Marinearsenal Kiel beschafft. Tech. Daten: Dieselmotor 10-Zyl., 235 kW (320 PS), Länge 12.540 mm, Breite 2500 mm, Höhe 3500 mm, Aufbaubreite 7000 mm, Eigengewicht 42 t. Der Kran hat bei der größten Auslegerlänge von 38 m und einer Hakenhöhe von 35 m eine Tragkraft von 10 t.

Das Marinearsenal Kiel setzt den Liebherr-Fahrzeugkran 35 t, Typ UTM 530, ein. Motorleistung 206 kW (280 PS), Länge 10.060 mm, Breite 2660 mm, Höhe 3610 mm, Auslegerlänge 26 m, Tragkraft 35 t. Es handelt sich um ein Einzelstück.

Y-558 286

1995 ausgesonderter Fahrzeugkran von Krupp-Adelt, Typ GK 50, mit einer Henschel Einachs-Zugmaschine EZ 300 VS. Die Gesamtlänge beträgt 17.270 mm, die größte Höhe im Fahrzustand 4,85 m, die größte Tragfähigkeit bei vier Metern Ausladung 50 t.

Mobilkran DEMAG 5 t, Typ V 42 S, mit einem Ausleger von max. 7 m und einem Schwenkbereich von 60°.

7. Lastkraftwagen (ausländische Hersteller)

War in den Anfangsjahren der Bundeswehr die Deckung des Erstbedarfs mit ausländischen Fahrzeugen vorherrschend, so ist dies im Laufe der Jahre einer bedarfsorientierten und kostensparenden Beschaffung gewichen. So werden zum Beispiel für große Truppenübungsplätze mit ständiger deutscher Präsenz im Ausland nach wie vor Fahrzeuge des Gastgeberlandes beschafft. Werden diese Fahrzeuge ausschließlich von deutschem Personal betrieben, dann trägt das Fahrzeug ein Y-Kennzeichen. Ist dies nicht der Fall, muß aus versicherungstechnischen Gründen das Nationalitätenkennzeichen des Gastgeberlandes angebracht werden.

Ein weiterer Grund des Zulaufs ausländischer Fahrzeuge war die deutsche Wiedervereinigung, in derem Verlauf Fahrzeuge des ehemaligen Warschauer Paktes von der Bundeswehr übernommen wurden. Durch bilaterale Entwicklungen und europaweite Ausschreibungen bei Beschaffungsprogrammen der Bundeswehr, sind in den Bestandslisten mittlerweile eine Vielzahl ausländischer Fahrzeuge zu finden.

7.1. IVECO-Ford (England)

Bei einer Auschreibung zur Beschaffung nachfolgend aufgeführter Fahrzeuge in den Jahren 1987-1992 erhielt IVECO-Ford (England) den Zuschlag.

Als Ersatz für den Mercedes Benz L 608 D/41 wurde ab 1992 für Transportaufgaben bei den Standortverwaltungen der IVECO-Ford Cargo 0813 in den Farben dunkelgrün oder dunkelblau mit einer 5200-mm-Pritsche beschafft. Teilweise wurden diese Fahrzeuge auch mit einer Ladebordwand geliefert. Techn. Daten: 6-Zyl. Dieselmotor, 94 kW (128 PS), Radstand 3725 mm.

Der IVECO-Ford Cargo 1320 in weiß mit Kühlkofferaufbau wurde ab 1987 für die Wehrbereichsverpflegungsämter als Ersatz für den Mercedes-Benz LP 2224, 6x2, mit 20-ft-Kühlkontainer beschafft. Techn. Daten: Dieselmotor, 150 kW (204 PS), Radstand 4250 mm.

Die Sattelzugmaschine IVECO-Ford Cargo 4028 in olivgrün/weiß und den Containersattelauflieger Klaus SAC 23 mit Seitenlader KM23-298 leaste die Bundeswehr für ihren Somalia-Einsatz von der US-Army.

7.2. USA

Die in den Anfangsjahren der Bundeswehr zur Deckung des Erstbedarfes und mit Einführung der Waffensysteme HONEST JOHN, SERGEANT und PERSHING gelieferten U.S. Lastkraftwagen sind seit vielen Jahren aus der Truppe herausgelöst, an NATO-Partner abgegeben oder verschrottet worden. Lediglich einige Personenkraftwagen, Busse und Trucks (leicht und schwer) sind zu Transportaufgaben in den USA und Kanada bei Dienststellen der Bundeswehr im Einsatz.

Für Transportaufgaben sind in den letzten Jahren schwere Sattelzugmaschinen der Firmen MACK und Freightliner in den Vereinigten Staaten angekauft worden. Für den Somalia-Einsatz leaste die Bundeswehr von der U.S. Army 27 Sattelzugmaschinen T 818, die rote Y-Kennzeichen erhielten. Als Zugfahrzeuge für Wasser- und Treibstoffauflieger,ebenfalls aus Beständen der U.S. Army, dürften es die letzten, rein militärischen »Trucks« amerikanischer Produktion für die Bundeswehr gewesen sein.

Erwähnenswert sind noch einige markante Fahrzeuge, die bis vor ein paar Jahren im Einsatz standen oder erprobt wurden. Dies ist zum einen der U.S. Typ M 63 A2 der Kaisers Jeep Corp. mit Werkstattkoffer bei PERSHING-Einheiten (inzwischen ausgesondert), der M 54,5 t (in Kanada noch im Einsatz) und zwei englische Fahrzeuge der Firma Bedford mit Kofferaufbauten (in der Zwischenzeit ausgesondert).

Pkw geschlossen, Typ Pontiac Bonneville 4-door, der General Motors Corp. Eingesetzt wird dieses Fahrzeug an der Raketenschule der Luftwaffe in El Paso/Texas. Techn. Daten: Hubraum 3.800 cm³, Radformel 4x2, 5 Sitze.

Sattelzugmaschine Typ C 112/064 T der Freightliner Corp./USA mit Sattelauflieger für Containertransport. Beachtenswert sind die Windabweiser und die verchromte Frontpartie. Eingesetzt werden diese Fahrzeuge zum Materialtransport zwischen der Küste und den Stützpunkten in den USA und Kanada.

Sattelzugmaschine der US-Firma Kenworth mit Tiefladeanhänger. Eingesetzt wird das Fahrzeug zum Transport von bundeseigenen Erdarbeitsgeräten auf dem Panzerübungsgelände in Shilo/Kanada.

Sattelzugmaschine T 818 der Kaiser/Jeep Corp. Für den Somalia-Einsatz mietete die Bundeswehr von der US-Army 27 Sattelzugmaschinen zum Transport von Tank- und Wasseraufliegern, die weiß lackiert und mit roten Y-Kennzeichen versehen wurden. Es traten jedoch Schwierigkeiten bei der Ersatzteilversorgung auf, da die Amerikaner den Typ T 818 bereits ausgesondert hatten. Durch Entfernen der äußeren hinteren Räder wurde versucht, die Geländegängigkeit zu erhöhen.

7.3. Ehem. Tschechoslowakei

7.3.1. TATRA 138/148/813/815

Die 1956 auf der RGW-Tagung in Ost-Berlin gefällte Entscheidung einer Spezialisierung der Automobilindustrien der Staaten des Warschauer Paktes hinsichtlich der zu produzierenden Tonnageklassen führte zur Entwicklung des Lastkraftwagens TATRA T 138.

Zu Beginn der siebziger Jahre in die NVA eingeführt, hatte das Fahrzeug einen luftgekühltem V-Motor mit 132 kW (180 PS) sowie als Fahrgestell einen verwindungssteifen Zentralrohrrahmen mit Pendelachsen und Einzelradantrieb (6x6). Der T 138 war als Straßen- und Flugfeldtankwagen, Feuerwehr, Koffer- und Pritschenfahrzeug, Sattelzugmaschine und Kipper im Einsatz.

Das Nachfolgemodell TATRA T 148 wurde konsequent aus dem TATRA T 138 weiterentwickelt, behielt aber dessen charakteristisches Aussehen. Unterscheiden ließen sich die Fahrzeuge an der geänderten Motorhaube, die bei der jüngeren Ausführung größere Lufteintrittsschlitze besaß. Gegenüber seinem Vorgänger erhielt der TATRA T 148 einen leistungsgesteigerten Motor mit 156 kW (202 PS). Beide Modelle zeigten im Gelände nur mittelmäßige Leistungen.

Ab 1969 wurde der TATRA T 813, 8x8 (10 t), Motorleistung 184 kW (250 PS), für die NVA beschafft. Besonders im Gelände zeigte er hervorragende Eigenschaften beim Bewegen schwerer Artilleriegeschütze und der zum Transport von Kettenfahrzeugen zahlreich vorhandenen Tiefladeanhänger.

Lkw Tatra 148 mit Metallpritsche und Plane. Eingesetzt zum Transport von Material und Personen.
Techn. Daten: Motorleistung 148 kW (202 PS), Hubraum 12.700 cm³, 8-Zylinder V-Motor, Haubenlenker, Allradantrieb 6x6, Steigfähigkeit 45%, Watfähigkeit 800 mm, max. Geschwindigkeit 70 km/h, zulässige Dauergeschwindigkeit 60 km/h, Fahrbereich 850 km, Radstand 4260+1320 mm.

Weitere Versionen waren der 40-fach Geschoßwerfer mit gepanzertem Führerhaus und ein Bergefahrzeug mit einem A-Baum am Heck als Hebeeinrichtung.

In den achtziger Jahren wurde eine nochmalige Modernisierung eingeleitet, aus der die Baureihe TATRA T 815 hervorging. Auch die NVA führte – beginnend ab 1984 – die als 6x6, 235 kW (316 PS) und 8x8, 265 kW (385 PS) angebotenen Fahrzeuge ein. In den unterschiedlichsten Ausführungen, ob als Kran-, Berge-, Tank- und Pritschen-Kfz, als Kipper, Sattelzugmaschine, Geschoßwerfer- und Spezial-Kfz für Koffer, um nur einige zu nennen, waren die Fahrzeuge eingesetzt.

Eine Vielzahl wurde von der Bundeswehr übernommen. Anfang 1997 zählte man noch etwa 40 TATRA der Baureihen T 148, T 813 und T 815 im Bestand der Bundeswehr.

Autodrehkran Tatra 148 AD 20. Ab 1980 von der NVA eingeführt. Das Fahrzeug besitzt einen hydraulisch betriebenden Teleskopausleger für 20.000 kg Nutzlast. Die maximale Auslegehöhe ohne Zusatzbaum beträgt 21,3 m. 1996 war kein Exemplar mehr in den Bestandslisten der Bundeswehr zu finden.
Techn. Daten: Motorleistung 156 kW (212 PS), Hubraum 12.700 cm^3, 8-Zylinder V-Motor, Haubenlenker, Allradantrieb 6x6, Steigfähigkeit 35%, Watfähigkeit 400 mm, max. Geschwindigkeit 60 km/h, zulässige Dauergeschwindigkeit 50 km/h, Fahrbereich 440 km, Radstand 4260+1320 mm.

Lkw Tatra 813 KOLOS. Ab 1969 von der NVA eingeführt. Von der Bundeswehr in größeren Stückzahlen übernommen, wird der mit Metallpritsche ausgestattete Lkw hauptsächlich als Radzugmittel für schwere Tiefladeanhänger genutzt.
Techn. Daten: Motorleistung 184 kW (250 PS), Hubraum 17640 cm³, 12-Zylinder V-Motor, Frontlenker, Allradantrieb 8x8, Reifendruckregelanlage, Steigfähigkeit 65%, Watfähigkeit 1400 mm, max. Geschwindigkeit 80 km/h, zulässige Dauergeschwindigkeit 70 km/h, Fahrbereich 1250 km, Anhängelast 100.000 kg, Radstand 1650+2200+1450 mm.

Sattelzugmaschine Tatra 815. In der NVA für acht verschiedene Sattelaufliegertypen eingesetzt, wird sie weiterhin von der Bundeswehr genutzt.
Techn. Daten: Motorleistung 235 kW (320 PS), Hubraum 19.000 cm³, 12-Zylinder V-Motor, Frontlenker, Allradantrieb 6x6, Steigfähigkeit 30%, Watfähigkeit 800 mm, max. Geschwindigkeit 91 km/h, zulässige Dauergeschwindigkeit 80 km/h, Fahrbereich 450 km, Radstand 2900+1320 mm.

Lkw Tatra 815 mit Metallpritsche und Plane. Von der Bundeswehr als Radzugmittel für Tieflader eingesetzt. Techn. Daten: Motorleistung 235 kW (320 PS), Hubraum 19.000 cm³, 12-Zylinder V-Motor, Frontlenker, Allradantrieb 6x6, Reifendruckregelanlage, Steigfähigkeit 65%, Watfähigkeit 1400 mm, max. Geschwindigkeit 80 km/h, zulässige Dauergeschwindigkeit 70 km/h, Fahrbereich 1000 km, Anhängelast 50.000 kg, Radstand 3270+1450 mm.

TroLF-Fahrzeug Tatra 815 CAS 32. Das Fahrzeug wurde hauptsächlich auf Flugplätzen als Tanklöschfahrzeug zur Brandbekämpfung eingesetzt und wird weiterhin von der Bundeswehr genutzt. Techn. Daten: Motorleistung 235 kW (320 PS), Hubraum 19.000 cm³, 12-Zylinder V-Motor, Frontlenker, vier Sitzplätze, Allradantrieb 6x6, Steigfähigkeit 53%, Watfähigkeit 800 mm, max. Geschwindigkeit 91 km/h, zulässige Dauergeschwindigkeit 80 km/h, Fahrbereich 500 km, Radstand 3700+1320 mm.

Autodrehkran Tatra 815 AD 28 mit hydraulisch betriebenen Teleskopausleger bis 28 m und einer Nutzlast von 28.000 kg. Ab 1984 in die NVA eingeführt und von der Bundeswehr weiter betrieben. Zwischenzeitlich wurden die Fahrzeuge ausgesondert. Techn. Daten: Motorleistung 156 kW (231 PS), Hubraum 12.700 cm³, 8-Zylinder V-Motor, Frontlenker, Allradantrieb 6x6, Steigfähigkeit 37%, Watfähigkeit 650 mm, max. Geschwindigkeit 76 km/h, zulässige Dauergeschwindigkeit 65 km/h, Fahrbereich 550 km, Radstand 3950+1320 mm.

Empfängerfahrzeug Tatra 815, 6x6, des ELINT-Aufklärungsgerätesatzes KRTP 86 TAMARA. 1990 in die NVA eingeführt, wurde es von der Bundeswehr übernommen. Fünf Kabinenfahrzeuge gehören zum System. Die Kabinen wurden inzwischen auf das Fahrgestell des Lkw M.A.N 7 t, mil gl, der Kfz-Folgegeneration gesetzt. Maximale Geschwindigkeit auf der Straße 80 km/h, im Gelände 10-30 km/h, Steigfähigkeit 30%.

Antennenträger Tatra 815 VP 13, 8x8, mit 28 m ausfahrbahrer Antenne des ELINT-Aufklärungsgerätesatzes KRTP 86 TAMARA. Das Räumschild an der Vorderfront des Fahrzeuges dient zur Verbesserung des Schwerpunktes. Gesamtgewicht 28.200 kg, Länge mit Räumschild 13.095 m, maximale Geschwindigkeit auf der Straße 60 km/h, im Gelände 15 km/h, Steigfähigkeit 30%.

7.4. Ehem. UdSSR

Wie bereits erwähnt, griff die NVA vom Beginn ihrer Aufstellung bis zur deutschen Wiedervereinigung auf Fahrzeuge der ehem. Sowjetunion zurück. So wurden Fahrzeuge der Tonnageklasse leicht bis schwer aus bewährten Baureihen der Firmen GAZ, SIL, URAL, KRAZ und KAMAZ beschafft.

Aus der Fülle der vorhandenen Fahrzeuge aller Versionen und nach eingehender Eignungsprüfung übernahm die Bundeswehr jedoch nur wenige Einheiten, und diese auch nur für Sonderaufgaben. Auf dem Sektor Funk- Fernmelde- und Radarwesen wurden dazu eine Vielzahl von Fahrzeugen intensiven Untersuchungen unterzogen.

Diese Fahrzeuge erhielten nur in den wenigsten Fällen eine Zulassung, da sie aus technischen Gründen das Erprobungsgelände nicht mehr verlassen durften. Nachfolgend sollen jedoch nur die von der Bundeswehr übernommenen Fahrzeuge beschrieben werden.

7.4.1. GAZ-Baureihe

In der mittleren Gewichtsklasse herrschten Fahrzeuge der Bezeichnung GAZ vor. Sie stammten aus dem Automobilwerk Gorki (in der gleichnamigen Stadt). In ihren Aufbaujahren wurden der NVA vom »Großen Bruder« vor allem die Typen GAZ 51 und GAZ 63 (als Langhauber) sowie ab 1969 der GAZ 66 zugeteilt. Ob als Koffer-, Pritschen-, Be- und Enttankungsfahrzeug für Raketentreibstoff oder als Funk- und Fernmelde-Kfz war der Typ GAZ 66 in etwa das Gegenstück zum UNIMOG S 404 B.

Nur wenige Fahrzeuge aus dem funktechnischen Bereich übernahm die Bundeswehr für einen kurzen Zeitraum.

Lkw GAZ 66 mit Funkstelle kleine Leistung, R 142 (Sprech- und Tastfunkverbindungen). In dieser Funktion war das Fahrzeug jedoch nur kurz in der Bundeswehr eingesetzt und wurde bald ausgesondert.
Techn. Daten: Motorleistung 85 kW (116 PS), Hubraum 4250 cm³, 8-Zylinder V-Motor, Frontlenker, Allradantrieb 4x4, Steigfähigkeit 55%, Watfähigkeit 900 mm, max. Geschwindigkeit 90 km/h, zulässige Dauergeschwindigkeit 75 km/h, Fahrbereich 800 km, Radstand 3300 mm.

7.4.2. ZIL-Baureihe

Fahrzeuge der Typenreihe SIL 157, bei der NVA ab 1960 eingeführt, waren zum Zeitpunkt der Wende noch in großen Stückzahlen vorzufinden, besonders die Sattelzugmaschine SIL 157 S, die zum Transport von Fla- und Artillerieraketen eingesetzt wurde, sowie eine Anzahl von Kofferfahrzeugen für die verschiedensten Rüstsätze.

Bis auf wenige Fahrzeuge mit Sonderausstattung für die Radarführung (P 37 BAR LOCK) wurde schon aus Altersgründen von einer weiteren Verwendung abgesehen.

Um den großen Bedarf an Transportraum zu decken und als Ersatz für die in die Jahre gekommenen Fahrzeuge des Typs SIL 164, beschaffte die NVA ab 1967 den Typ SIL 130. Da das Fahrzeug im Gelände nur wenig überzeugte, nutzte man das Chassis für die verschiedensten Spezialaufbauten, etwa als Start-Kommandopunkt oder für den Boden-Landescheinwerfer auf Flugplätzen. Einige Fahrzeuge der erstgenannten Ausführung übernahm die Bundeswehr.

Neben dem ZIL 130 kam ab 1971 der Typ ZIL 131 (Doppelachse und Einzelbereifung) als Ersatz für den ZIL 157 zum Einsatz. Gebaut wurde der Typ 131 (wie auch der Typ 130) im Moskauer Lichaschow-Werk. Dank seiner hervorragenden Geländegängigkeit wurde das Fahrzeug, das in vielen Ausführungen und nicht minder großen Stückzahlen gefertigt wurde, zu einem tragenden Bestandteil des NVA-Fuhrparks.

Die Luftwaffe übernahm mit 29 Flugzeugen des Typ MIG-29 sowie zeitweilig einiger Luftabwehreinheiten gleich die dazugehörigen Sattelzugmaschinen, Nachrichten- und Anlaßfahrzeuge.

Sattelzugmaschine ZIL 131. In der Mehrzahl eingesetzt zum Transport von Sattelaufliegern der Truppenluftabwehr und der Luftverteidigung. Mit Beendigung der Aufgabe, Abtransport von Gerät in MDSG-Lager, wurden alle Fahrzeuge ausgesondert. Von den einstmals 340 SaZgM waren 1994 keine Fahrzeuge mehr in den Bestandslisten der Bundeswehr zu finden.
Techn. Daten: Motorleistung 110 kW (150 PS), Hubraum 6000 cm³, 8-Zylinder V-Motor, Haubenlenker, Allradantrieb 6x6, Steigfähigkeit 36%, Watfähigkeit 1400 mm, max. Geschwindigkeit 80 km/h, zulässige Dauergeschwindigkeit 65 km/h, Fahrbereich 580 km, Radstand 3350+1250 mm.

Klimastation KS 1 (AMK 24/56) auf Basis-Kfz ZIL 131. Aufgabe war das Kühlen, Beheizen und Lüften von Strahlflugzeugen in der Bereitstellung. Das abgebildete Fahrzeug war auf dem Fliegerhorst Preschen eingesetzt.

7.4.3. URAL-Baureihe

Meistverwendetes Fahrzeug der NVA waren der in den Jahren 1965-1983 beschaffte URAL 375/ 375 D und der URAL 4320 der MJAS-Werke (UDSSR). Besonders als Pritschenwagen, Zugmittel und als Basisfahrgestell für eine Vielzahl von Kofferaufbauten (Werkstätten, Nachrichten- und Tanktechnik) eingesetzt, überzeugte seine Geländegängigkeit, wenngleich der Kraftstoffverbrauch zu hoch war. Die Bundeswehr hat nur wenige Spezialfahrzeuge, darunter den Planenkoffer (Werkstatt), sowie Fahrzeuge mit LAK (Leicht Absetzbarer Koffer) und die Sattelzugmaschine URAL 43202 für einen begrenzten Zeitraum übernommen.

URAL 4320/C mit LAK II, bei der NVA als mechanische Werkstatt (MRM) eingesetzt. Mit der Werkstattausrüstung konnten Montage- und Demontagearbeiten, Fertigung von Einzelteilen bei der Instandsetzung von Kfz-Technik und Bewaffung unter feldmäßigen Bedingungen durchgeführt werden. In der Bundeswehr jedoch nur als Zug- und Transportmittel genutzt. Nicht mehr im Bestand.
Techn. Daten: Motorleistung 110 kW (211 PS), Hubraum 10.850 cm^3, 8-Zylinder V-Motor, Haubenlenker, Allradantrieb 6x6, Steigfähigkeit 58%, Watfähigkeit 1500 mm, max. Geschwindigkeit 85 km/h, zulässige Dauergeschwindigkeit 70 km/h, Fahrbereich 730 km, Radstand 3525+1400 mm.

7.4.4. KRAZ-Baureihe

Die NVA führte ab 1960 den von den Automobilwerken Krementschug hergestellten KRAZ 214, ab 1970 den KRAZ 255 B, ab 1979 den KRAZ 255 W 1 und den KRAZ 257 K1 ein. Die Sattelzugmaschine KRAZ 255 W 1 wurde sowohl von den Land- (Pioniere) als auch von den Luftverteidigungsstreitkräften übernommen.

Die Bundeswehr setzte lediglich einige Muldenkipper (KRAZ 256 B) und Sattelzugmaschinen für kurze Zeit ein.

1988, also zwei Jahre vor der deutschen Wiedervereinigung, startete die NVA einen Modernisierungsprozess. Er begann mit Einführung der Baureihe KRAZ 250 und KRAZ 260 als Pritschen, Pionierfahrzeuge, Sauerstofferzeuger und Sattelzugmaschinen.

Durch kurzzeitige Übernahme des Raketensystems S 200 Vega/SA 5 GAMMON in das Luftverteidigungssystem der Bundesrepublik Deutschland wurde es notwendig, einige Sattelzugmaschinen für eine begrenzte Zeit im Bestand zu halten. Der Sauerstofferzeuger AKDS 70 M, auf Fahrgestell des KRAZ 257 und KRAZ 250, wurde bis Ende 1994 genutzt. Danach wurde die Betriebserlaubnis für die Sauerstoffanlage nicht mehr verlängert.

Sattelzugmaschine KRAZ 260 W. 1988 in die NVA eingeführt. Bei Einheiten der Luftverteidigung als Transportmittel für die Sattelauflieger des Systems S-200 Vega/SA-5 GAMMON eingesetzt. Mit Auflösung der Verbände durch die Bundeswehr ausgesondert.
Techn. Daten: Motorleistung 220 kW (300 PS), Hubraum 14.860 cm³, 8-Zylinder V-Motor, Haubenlenker, Allradantrieb 6x6, Steigfähigkeit 36%, Watfähigkeit 1200 mm, max. Geschwindigkeit 75 km/h, zulässige Dauergeschwindigkeit 60 km/h, Fahrbereich 700 km, Radstand 4600+1400 mm.

7.4.5. KAMAZ-Baureihe

Die als Frontlenker ausgelegten Fahrzeuge KAMAZ 4310 und KAMAZ 4310 AC 7 betrieb die NVA als Pritschen- und Tankwagen mit kippbarem Fahrerhaus, Allradantrieb, Ballonreifen und Reifendruckregelanlage. Ebenso wie der KAMAZ 5320 als Pritschenfahrzeug (mit und ohne Kran) wurde der Muldenkipper KAMAZ 5510 in größeren Stückzahlen von der Bundeswehr übernommen und noch einige Jahre weiterbetrieben.

Lkw KAMAZ 5320 mit Metallpritsche, Holzboden, Plane und Spriegel. Ursprünglich eingesetzt zum Transport von Material, befindet sich das Fahrzeug nicht mehr im Bundeswehr-Bestand.
Techn. Daten: Motorleistung 154 kW (210 PS), Hubraum 10.850 cm³, 8-Zylinder V-Motor, Frontlenker, Fahrerhaus kippbar, Antrieb 6x4, Steigfähigkeit 30%, max. Geschwindigkeit 95 km/h, zulässige Dauergeschwindigkeit 80 km/h, Fahrbereich 675 km, Radstand 3190+1320 mm.

8. Gepanzerte Fahrzeuge

8.1. Gepanzerte Radfahrzeuge

Können Sie sich einen Dkw Jeep Typ F91 (Munga) vorstellen, der als Basisfahrzeug für eine Panzerspähwagen-Attrappe diente? Oder einen UNIMOG S 404 mit Blechverkleidung als Übungs-Schützenpanzer ähnlich dem HS 30? In ihren Anfangsjahren griff die Bundeswehr in Ermangelung verwendungsfähigen Gerätes zu derartigen Behelfslösungen. Bis zur Verfügbarkeit von deutschem Gerät beschaffte sie sich als Notbehelf einige britische FERRET 2 Radspähwagen und einige französische PANHARD EBR 75 Panzerspähwagen zu Ausbildungszwecken.

Ab 1962, als der Auftrag zum Bau von sechs gepanzerten Prototypen (Typbezeichnung T) ohne Bewaffnung erteilt worden war, kam Bewegung in das Vorhaben. 1964 erschien eine bewaffnete Version (Typbezeichnung SH) mit dem Fahrgestell des UNIMOG S 404. Daß diese Fahrzeuge nicht überzeugen konnten, war von vornherein klar; es galt Erfahrungen in bezug auf Platzgestaltung, verschiedene Motoren, Getriebe und Wartungsfreundlichkeit zu sammeln. Jahre, die mit dem Bau und der Erprobung von neuen Prototypen erfüllt waren, folgten.

Ab 1975 wurde der erste von 408 Exemplaren des Spähpanzer 2 (8x8) als Serienfahrzeug an die Aufklärungseinheiten ausgeliefert. Der Späh-Pz 2 erhielt später den bezeichnenden Tiernamen LUCHS. Äußerlich dem PUMA der ehemaligen deutschen Wehrmacht ähnlich, erwies sich das Fahrzeug als gelungen. War es doch in der Lage zu schwimmen und durch einen zweiten Fahrer mit gleicher Geschwindigkeit rückwärts fahren zu können. Ausgerüstet wurde der LUCHS mit einer 20-mm-Bordkanone. Auch 1997, nach rund 20 Jahren Einsatz, versieht der LUCHS noch immer seinen Dienst bei der Aufklärungstruppe, jedoch machen sich Verschleißerscheinungen bemerkbar. Durch diverse Nachrüstungen sind die Ausführungen des Spähpanzer 2, die ab 1986 folgten, infolge zu hohen Gewichtes nicht mehr schwimmfähig.

Das zweite Fahrzeug in der Klasse der leicht gepanzerten Radfahrzeuge ist der TPZ 1 (6x6), genannt FUCHS. Ebenfalls von Thyssen-Henschel gebaut, wurde zwischen 1980 und 1986 die stattliche Anzahl von 996 Fahrzeugen an die Truppe ausgeliefert. Auch hier versuchte man, eine Baugruppen-Gleichheit zwischen LUCHS und FUCHS beizubehalten.

Das Grundmodell des TPZ 1 wird in vier Varianten aufgegliedert:

Ausrüstungsvarianten Transportpanzer 1 FUCHS

1. Grundmodell Transportpanzer:
KrKw
PiFü
PiFü
PiGrp
FüFu 400 W
FüFu PzAufkl
InfFz

2. Transportpanzer Führung/Funk:
Radar RASIT
BrigKdr, allg.
BrigKdr D/F
BrigKdr GM
HFla

3. Transportpanzer ABC

4. Transportpanzer ELOKA
Veränderte Wannenkonstruktion, ohne Schwimmantrieb

Seit 1985 fordern die Panzeraufklärungstruppe und nicht zuletzt die Krisenreaktionskräfte ein leichtes, gepanzertes Spähfahrzeug (LGS) als Nachfolger für den Spähpanzer LUCHS. Die geforderte Luftverlastbarkeit bestimmt dabei seine Abmessungen. Zunächst wurden das französische Modell Panhard VBL der Firma MaK in Kiel sowie das ZOBEL genannte Fahrzeug der Firma GST erprobt. Diese Modelle waren jedoch als reine Experimentalfahrzeuge gedacht. Mit dem ZOBEL, der als Sieger aus der Vergleicherprobung hervorging, wurde ein Lastenheft für ein leichtes Panzerspähfahrzeug erarbeitet.

Diese Vorgaben beinhalteten zunächst Schwimmfähigkeit, Unabhängigkeit von fremder Versorgung für mindestens fünf Tage im Umkreis von 100 km von der Heimatbasis und ein hohes Maß an Zuverlässigkeit.

Nach annähernd zehn Jahren Entwicklungsarbeit wurde die Firmengruppe DAF/Wegmann mit der Herstellung von vier Truppenversuchsmustern bis September 1996 beauftragt. Das Projekt wird auf bilateraler

Spähpanzer 2 LUCHS (SpPz 2 LUCHS). Der in einer Stückzahl von 409 Fahrzeugen eingesetzte Rad-Spähpanzer unterscheidet sich äußerlich in der kampfwertgesteigerten Version A2 von seinem Vorgänger, dem SpPz 2 A 1, durch Wegfall des IR-/Weißlichtscheinwerfers an der linken Seite des Turmes und durch Zurüstung eines Wärmebildgerätes (WBG). Zur weiteren Ausstattung gehört ein Bildverstärker-Fahrgerät (BiV), eine ABC-Schutzanlage und eine Strahlenspürsonde. Die Besatzung besteht aus vier Mann, wobei je ein Fahrer für Vorwärts- und Rückwärtsfahrt eingesetzt wird.
Das Gefechtsgewicht beträgt 19,83 t. Ein Daimler Benz 10-Zylinder-Vielstoffmotor, Typ OM 403 VA mit 287 kW (389 PS), erlaubt eine Geschwindigkeit von 90 km/h auf der Straße und von 10 km/h im Wasser (die ab 1986 kampfwertgesteigerten Ausführungen sind nicht mehr schwimmfähig). Der Fahrbereich beträgt 700 km. Die Bewaffnung besteht aus einer Bordmaschinenkanone Rh 202 MK 20 mm mit Munitionswechselvorrichtung, einem FlaMG 7,62 mm und acht Nebelwurfbechern.
Der SpPz 2 löste den Schützenpanzer kurz (Hotchkiss) ab. Eingesetzt wird der LUCHS in den Aufklärungskompanien der Brigaden. Er soll durch den leicht gepanzerten Spähwagen FENNEK ersetzt werden.

Ebene zwischen den Niederlanden und der Bundesrepublik Deutschland abgewickelt. An eine Auslieferung der Serienfahrzeuge ist ab 1999 bis ins Jahr 2002 gedacht.

Ein weiteres, seit langem in Planung stehendes Fahrzeug ist das sogenannte GTK (Gepanzertes Transportfahrzeug). Als Ersatz für das Kettenfahrzeug MTW 113 und den Transportpanzer FUCHS nach dem Jahre 2000 gedacht, benötigt allein das deutsche Heer rund 3000 Fahrzeuge.

Nach langen Diskussionen über die Vor- und Nachteile einer Rad- oder einer Kettenversion, entschied man sich für die Radversion. Im Gelände soll das GTK mit Hilfe seiner Reifendruckregelanlage einem Kettenfahrzeug ebenbürtig sein, auf der Straße ist es klar überlegen.

Noch ist es für konkrete technische Angaben zu früh. Sollte es jedoch zu einem Auftrag kommen, soll das Konzept in trilateraler Zusammenarbeit abgewickelt werden.

Wie die Bundeswehr blieb auch der Bundesgrenzschutz von Strukturveränderungen nicht verschont und mußte eine größere Anzahl von Sonderwagen für den Polizeieinsatz (SW-4) abgeben.

Eine Prüfung im Bereich des Bundes ergab, daß das Heer Bedarf an diesen Sonderwagen hatte. In den Jahren 1995 bis 1996 erfolgte eine Übernahme von 122 Fahrzeugen des BGS. Die Bundeswehrbezeichnung lautet: Gepanzertes Transportfahrzeug HERMELIN.

Eingesetzt werden sollte der HERMELIN ursprünglich als Leitungs- und Schiedsrichterfahrzeug in den im Aufbau befindlichen Gefechtsübungsprogramm des Heeres, bei der Feldjägertruppe und bei der Fernmeldetruppe OpInfo. Von einer Einführung wird vermutlich abgesehen werden, da eine Umrüstung auf die entsprechenden Varianten zu hohe Kosten verursacht.

Fahrzeuge der ehemaligen NVA, wie die SPW 40, SPW 60 und SPW 70, wurden auf ihre Verwendungsfähigkeit in der Bundeswehr überprüft. Zu einer Einführung kam es jedoch nicht. Eine große Anzahl SPW 60 und SPW 70 wurde an befreundete Nationen und die UNO abgegeben.

Transportpanzer 1 FUCHS (TrspPz 1 FUCHS). Ab 1979 lieferte Thyssen-Henschel/Kassel 504 TPz, 265 TPz Funk, 87 TPz Eloka und 140 TPz ABC an die Bundeswehr. Das als Transportpanzer bezeichnete Grundmodell hat ein Gefechtsgewicht von 16,2 t. Neben dem Fahrer und Beifahrer kann er bis zu zehn voll ausgerüstete Soldaten aufnehmen. Mit seinem MB-Dieselmotor Typ OM 402 A Achtzylinder, 235 kW (320 PS), kann der TPz kurzzeitig bis auf 105 km/h beschleunigen. Die Mindestgeschwindigkeit beträgt 4 km/h. Auf befestigten Straßen beträgt der Fahrbereich 800 km bei 390 l Tankinhalt. Für Schwimmfahrten wird das an der Vorderfront befestigte Schwallbrett aufgeklappt. Die beiden Ruderpropeller am Heck haben einen Schwenkbereich von 360° und verleihen dem Fahrzeug bei Wasserfahrt eine Geschwindigkeit von 10 km/h. Als Bewaffnung führt der TPz 1 ein Maschinengewehr MG 3, 7,62 mm, auf Drehlafette und sechs Nebelwurfbecher. Das abgebildete Fahrzeug wurde in Somalia eingesetzt.

Transportpanzer 1 FüFu (TrspPz 1 A2 FüFu). Charakteristisches Merkmal dieses Fahrzeuges ist der an der Hecktür angebrachte Generatorsatz SEA 5 kW. Im Inneren des Fahrzeuges sind Fernmeldegeräte, Lagekartenbrett und Sitzgelegenheiten eingebaut. Eine hydraulisch, aber auch von Hand ausfahrbare Kurbelmastantenne ist auf der rechten Seite angebracht; am Heckrand befindet sich je eine Stabantenne. Für UN-Einsätze des Heeres sind FüFu TrspPz FUCHS außen mit adaptierter Zusatzpanzerung und innen mit einem LINER ausgerüstet worden. Für den zusätzlichen Schutz der Panzerglasscheiben werden Lochbleche verwendet, die die bisherigen Stahlblenden ersetzen. Die Gesamtmaßnahme bedingt eine Gewichtszunahme von ca. 2 t.

Transportpanzer 1 FUCHS mit Einbausatz Pi-Gruppe. Letzte Überprüfung vor dem Einsatz in Somalia. Das auf dem Boden ausgebreitete Material von insgesamt 60 Positionen läßt erahnen, welche Aufgaben auf die Besatzung zukommen können. Zum Anlegen von Sperren werden S-Drahtrollen mitgeführt, die gesondert in Behältern auf dem Dach des Fahrzeuges transportiert werden. Mittel zur Minenräumbeseitigung, Seile, Schaufeln, Äxte und Sägen ergänzen den Ausrüstungssatz. Im Inneren des Fahrzeuges finden acht Soldaten mit Fahrer und Beifahrer Platz. Technische Daten wie beim Grundmodell.

Transportpanzer 1 ABC (TrspPz 1 A3 ABC). Der ABC-Spürpanzer FUCHS gilt mit seiner Ausstattung zum Aufspüren von A- und C-Kampfstoffen weltweit als einmalig. Obwohl der Einsatz dieser Kampfstoffe weltweit verboten ist, kann ihre Anwendung trotzdem nicht ausgeschlossen werden. Aus diesem Grunde wurde der ABC-Spürpanzer FUCHS für die Bundeswehr entwickelt. Mit einer Besatzung von vier Soldaten - Fahrer, Beifahrer, Spürer 1 und Spürer 2 - ist er mit einem automatischen A-Spürgerät mit zwei Sonden, in der C-Ausführung mit einem mobilen Massenspektrometer, einem Doppelradspürgerät, einer Probenentnahmevorrichtung und einem Markierungssatz (Bojen) ausgestattet. Eine ABC-Schutzbelüftung, ein Alarmgerät für Nervenkampfstoffe und ein Atemgerät ergänzen diese Schutzausrüstung. Die Schwimmfähigkeit des Fahrzeuges konnte trotz der zahlreichen Einbauten beibehalten werden. Eine Besonderheit des ABC-Spürpanzer FUCHS ist die Fahrzeugorientierungsanlage FOA 25 zur genauen und sofortigen Bestimmung des Standortes.

Transportpanzer 1 (PARA RASIT). Zur Unterstützung leichter und schwerer gepanzerter Spähtrupps kommt der TrspPz 1 (PARA) mit seinem Aufklärungsradar Typ DR PT 2a RASIT zum Einsatz. Das 1,80 m über Fahrzeugoberkante hydraulisch ausfahrbare Radargerät hat einen Erfassungsbereich von 20 km. Ein außen am Fahrzeug angebrachtes, 30 Meter langes Verbindungskabel zwischen Sender, Empfänger und Bediengerät ermöglicht auch einen vom Fahrzeug abgesetzten Radarbetrieb. Das Fahrzeug ist mit dem standardmäßigen Zielwegzeichner und einer Funkanlage ausgerüstet.

Transportpanzer 1 (ELOKA). Fernmelde- und elektronische Aufklärung beruhen auf der Erfassung, Ortung und Auswertung elektromagnetischer Ausstrahlungen des Gegners. Zu diesem Zweck setzt die Aufklärungstruppe Fahrzeuge mit entsprechender Ausrüstung ein, darunten den TPz 1 ELOKA mit VHF-Peilerstation von AEG-Telefunken. Auf einem Knickgelenk-Mast am Heck des Fahrzeuges aufmontiert, läßt sich die Peilanlage bis zu einer Höhe von 6 m aufrichten. Mit seinen acht Peilantennen kann er sowohl Funkstellen als auch Radar anpeilen und die Daten weitergeben. Das Fahrzeug ist nicht schwimmfähig.

Transportpanzer 1 A1 HUMMEL (VHF-Störsenderfahrzeug). Äußeres Erkennungszeichen des TrspPz 1 A1 HUMMEL mit Störsender Typ EK 33 von AEG-Telefunken sind zwölf Stabantennen auf dem Dach. Zeitgleich können 16 Störkanäle belegt werden. Die hohe Wärmeabgabe der verschiedenen Geräterüstsätze erfordert ein zusätzliches Kühlaggregat an der Hecktür. An Stromaggregaten sind ein SEA 5 kW und ein SEA 15 kW vorhanden. Ein zusätzlicher Auspuff für das SEA 15 kW an der seitlichen Außenwand und der Verzicht auf seitliche Fenster unterscheiden den HUMMEL vom Grundtyp. Das Fahrzeug ist wie der TrspPz 1 ELOKA nicht schwimmfähig.

Transportpanzer 1 SAN (Rüstsatz Krankentransport) mit Zusatzpanzerung. Bereits bei der Vorstellung des TrspPz 1 war an eine SAN-Ausführung gedacht worden. Es wurden auch einige Vorserienfahrzeuge gebaut und erprobt. Dennoch kam das Projekt nicht voran. Gefordert war ein SAN-TrspPz, der unter Panzerschutz entweder vier liegende oder vier sitzende Verwundete transportieren konnte. Für die Betreuung der Verwundeten während der Fahrt sollte ein zusätzlicher Sitzplatz für einen Sanitätssoldaten eingebaut werden. Die Halterungen waren zur Aufnahme aller Typen von Krankentragen aus dem NATO-Bereich vorgesehen. Das Projekt wurde erst mit Aufstellung des deutsch-französischen Korps wieder aufgegriffen und realisiert.

Im Zuge des Spähwagen-Wettbewerbs schied das VBL (Véhicule Blindé Léger) der französischen Firma Panhard und der deutschen MaK (Kiel) nach eingehenden Tests und Vergleichserprobungen mit dem ZOBEL für die Bundeswehr aus. Bei den französischen Streitkräften wurde das VBL jedoch in größeren Stückzahlen eingeführt.
Techn. Daten: 3 Mann Besatzung, Gefechtsgewicht 4500 kg, Höchstgeschwindigkeit 100 km/h, Fahrbereich 600 km, schwimmfähig, Radformel 4x4, Länge 3870 mm. Bewaffnung: Ein 12,7-mm-MG auf Drehlafette.

Das leichte Spähfahrzeug ZOBEL der Firma GST ging als Sieger aus dem Spähwagen-Wettbewerb hervor. Das modulare Baugruppenkonzept ermöglichte die Ableitung von 4x4 auf 6x6 und 8x8 Versionen. Als Radaufhängung wurden McPherson-Federbeine mit 350 mm Gesamtfederung ausgewählt. Der Pendeleinschlag beträgt 40°. Für den Schwimmantrieb sorgen zwei fest in das Fahrzeug eingebaute, hydraulisch angetriebene Mantelpropeller. Als Antrieb dient ein Mercedes OM-63 Turbodiesel. Beim abgebildeten Fahrzeug handelte es sich um ein reines Experimentalmuster.

Leichter gepanzerter Spähwagen (LGS) FENNEK (Wüstenfuchs), 4x4, des niederländischen Unternehmens DAF Specials Products und der deutschen Firma Wegmann. Das abgebildete Fahrzeug wurde als endgültige Version des Spähwagens ausgewählt und als erstes Vorserienfahrzeug im November 1996 vorgestellt. Es ist als leichtes Aufklärungsfahrzeug für drei Mann Besatzung konzipiert, die damit mindestens fünf Tage lang und völlig auf sich allein gestellt Aufklärung betreiben können. Eine Fahrzeug-Navigationsanlage berechnet die Positionsbestimmung des eigenen und des Zielstandortes. Der Einsatz in verschiedenen Klimazonen ist ebenso möglich wie das Fahren in schwierigstem Gelände. Dies ermöglichen eine Reifendruck-Regelanlage und die Bodenfreiheit von 400 mm. Das Fahrzeug ist luftverlastbar und besitzt ABC-Schutz. Es ist nicht schwimmfähig, kann aber Gewässer bis zu einer Tiefe von 1 m durchwaten. Als Bewaffnung sind eine Lafette mit Zielperiskop für die 40-mm-Granatmaschinenwaffe (oder ein 7,62-mm-MG) sowie drei Panzerfäuste vorgesehen. Eine elevierbare Beobachtungseinrichtung, auch absetzbar zu betreiben, dient der Beobachtung und Aufklärung. Moderne Schutztechnologien werden den in dieser Gewichtsklasse üblichen Panzerschutz gegen Infanteriemunition und Granatsplitter gewährleisten. Eine eigene Stromerzeugungsanlage ermöglicht den uneingeschränkten Betrieb der gesamten elektronischen Ausstattung. Zunächst sind 336 Spähpanzer für die Aufklärungstruppe der Bundeswehr geplant.
Techn. Daten: Gefechtsgewicht ca. 7,9 t, Motorleistung 177 kW (241 PS), max. Geschwindigkeit Straße 115 km/h, Rückwärtsfahrt 23 km/h, Fahrbereich Straße ca. 860 km, Fahrbereich Gelände ca. 400 km, max. Steigung 62%, max. Schräglage 35%.
Hauptabmessungen: Länge 5310 mm, Breite 2490 mm, Höhe bis Fahrzeugdach 1760 mm, Höhe Gesamtfahrzeug 2180 mm.

8.2. Gepanzerte Kettenfahrzeuge

Die Bundesrepublik Deutschland übernahm nach der Wiedervereinigung das gesamte Material der ehemaligen NVA. Dies führte dazu, daß die in der NATO-Abstimmung der Bundesrepublik Deutschland zugestandenen Obergrenzen bei »Treaty Limited Equipment« (TLE), also den »vertragsbegrenzten Geräten« der Kategorien »Kampfpanzer«, »gepanzerte Kampffahrzeuge«, »Artillerie« und »Kampfflugzeuge« teilweise erheblich überschritten wurden.

Annähernd 10.300 TLE waren nach den Bestimmungen des KSE-Vertrages auszumustern! Dabei handelte es sich vor allem um Waffensysteme der ehemaligen NVA. Aber auch knapp 650 KPz M 48 (105 mm), über 100 KanJPz (90 mm) und über 250 Artilleriegeschütze der verschiedensten Typen waren davon betroffen. Ebenfalls auf die Reduzierung angerechnet wurde der Transfer von KPz LEOPARD 1 an verschiedene NATO-Staaten.

Infolge gravierender Strukturveränderungen in den Streitkräften wurden und werden TLE aus dem sogenannten »Strukturüberhang« (setzt sich zusammen aus der Differenz zwischen Strukturbedarf der Streitkräfte und der KSE-Obergrenze) abgezogen und außer Dienst gestellt, um Instandhaltungskosten einzusparen.

Die älteren Modelle, ob nun SPW M 39, SPW Kurz, SPW HS 30, SpähPz M 41, KPz M 47, M 48, M 48A1, M 48A2 oder Bergepanzer M 74, sollen in diesem Werk nicht mehr abgehandelt werden.

Derzeit sind bei der Bundeswehr noch ca. 3.000 M 113 aller Varianten (siehe Tabelle) von ursprünglich über 4.000 eingesetzt. Alle Fahrzeuge wurden ausnahmslos auf Dieselantrieb umgerüstet. Für einen Teil der M 113 mit einem Gefechtsgewicht über 12 t sind Änderungen im Bereich von Lenkung und Bremse erforderlich, um den Forderungen der StVZO gerecht zu werden. Zusätzlich erhalten Fahrzeuge über 12,5 t einen stärkeren Motor mit 221 kW (300 PS).

Unabhängig von diesen Maßnahmen wurden bei Spezialfahrzeugen, wie Sanitätspanzern (SanPz), Panzermörsern (PzMrs), Feuerleitpanzern Artillerie (FltPzArt), Radarträgern RATAC und Beobachtungspanzern, weitere Änderungen durchgeführt.

Weitere Varianten des M 113 sind der Minenwurfpanzer M 548 A1 SKORPION mit sechs drehbaren Wurfgestellen für Panzerabwehrminen und das als GREEN ARCHER bezeichnete Artillerie-Ortungs-Radar-System.

M 113 Varianten

BeobPzArt M 113 A1GE A0

FlgLtPz M 113 A2GE A0

FltPz (Mrs) M 113 A1 (EFT) GE A0

FltPzArt M 113 A1GE A0

FüFuPz M 113 A2GE A0

FüFuPz M 113 A2GE HF 400 W

GefStdFüFz M 577 A2GE

KrKw M 113 A2 (EFT) GE A0

KrKw M 113 A2GE

MiWuPz M 113 (SKORPION) M 548

PzMrs M 113 A1 (EFT) GE

PzMrs M 113 A2 (EFT) GE

RiFuMuxPz M 113 A1GE

SchFuPz VHF M 113 A2GE

SchrFuPz HF M 113 A2GE

Schulpanzer M 113

TrFz RechVerbArt M 113

TrFz Green Archer M 113 A1GE m. R-Ausst.

TrFz M 113 A1

TrFz RATAC M 113 A1GE A0

Transportpanzer M 113 A1 GE. 50 Transportpanzer waren 1993 für UN-Einsätze vorgesehen. Da jedoch nur einige Fahrzeuge angefordert wurden, sah man von einer weiteren Bereitstellung ab. Die Ausführung A1GE wurde mit einem Dieselmotor nachgerüstet und ihre Beleuchtungsanlage modernisiert.
Techn. Daten: Gefechtsgewicht 11,2 t, 6-Zyl. Zweitakt-Dieselmotor mit Direkteinspritzung, Motorleistung 155 kW (210 PS), Geschwindigkeit 68 km/h (Straße), Fahrbereich 320 km, Bewaffnung ein MG 7,62 mm auf Drehringlafette, Nebelmittelwurfanlage, Schwallbrett an der Vorderfront, hydraulisch absenkbare Heckrampe, Besatzung/Bedienung: bis zu 12 Soldaten.

Panzermörser M 113 A1(EFT) GE. Ausgerüstet ist der PzMrs M 113 mit einem 120-mm-Mörser der französischen Firma Tampella. Die Reichweite des nur vom Fahrzeug einsetzbaren Mörsers beträgt 6350 m. Deutlich sichtbar ist die neue Heckbeleuchtung und die beiden außerhalb angebrachten Kraftstofftanks. Alle Fahrzeuge sind durch die Firma Thyssen Henschel auf diesen Standard umgerüstet worden. Der PzMrs hat eine Besatzung von fünf Mann. Die Kampfbeladung beträgt 63 Mörsergranaten. Mit dem PzMrs ausgestattet sind die schweren Kompanien der Panzergrenadier-Bataillone und die Jägerbataillone.

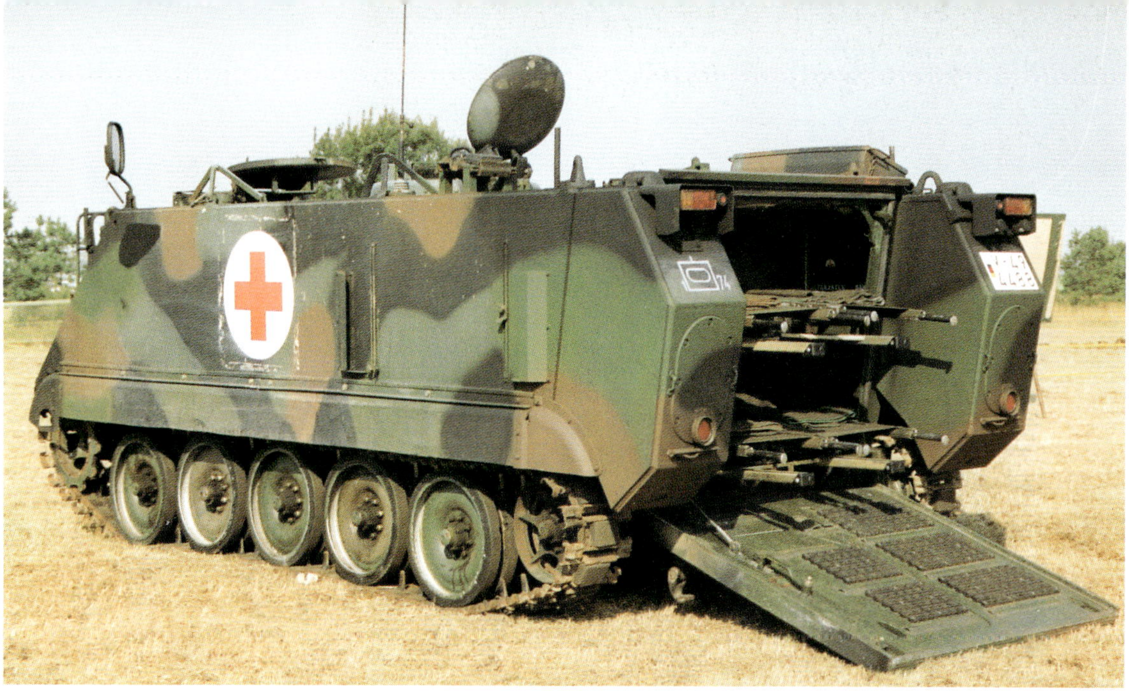

Krankenkraftwagen (KrKw) M 113 A2(EFT) GE. Der aus dem MTW M 113 umgerüstete Krankentransportpanzer dient zum schnellen Transport von verwundeten Soldaten unter Panzerschutz in der vorderen Kampfzone. Eingeführt wurden 650 Fahrzeuge. Transportiert werden können entweder vier Verwundete liegend oder acht Verwundete sitzend. Zusätzlich wurde eine ABC-Schutzanlage der Fa. Dräger/Piller eingebaut.

Gefechtsstand-Panzer M 577 A1 GE. Mittlerweile ist die 1986 begonnenen Umrüstung in die Rüstvariante »Luftunterstützungs-, Informations- und Fernschreibzellen« abgeschlossen. 220 Fahrzeuge wurden von Thyssen Henschel zum Typ A1 GE umgerüstet. Alle Varianten erhielten eine Kartenfernsehanlage (Kleinbild), die Luftunterstützungszelle eine VHF + UHF Funkanlage sowie einen Windgeschwindigkeitsmesser; die Informations- und Fernschreibzelle eine VHF Funkanlage, Schlüsselmittel und Arbeitsflächen für Bedienungspersonal. An der Vorderfront des Fahrzeuges befindet sich ein abkippbarer Staukorb. Die Fahrzeuge wurden nicht mit außenliegenden Tanks nachgerüstet. Mit dem Gefechtsstand-Panzer (Gefechtsgewicht: 11,7 t) ausgestattet werden Stäbe auf Korps-, Divisions- und Brigadeebene. Ein 6 Zylinder Zweitakt-Dieselmotor mit Direkteinspritzung, Wasserkühlung und 155 kW (210 PS) Leistung bringt das Fahrzeug auf eine Geschwindigkeit von 35 km/h auf der Straße. Zur Stromversorgung wird ein SEA 4,2 kW mitgeführt, das auch abgesetzt betrieben werden kann.

Richtfunkpanzer (RiFuPz) MULTIPLEX M 113 A1 GE. Stellvertretend für eine Vielzahl weiterer Varianten auf Fahrgestell M 113 wird dieser Richtfunkpanzer einer ELOKA-Einheit aus Bayern abgebildet. Das leicht gepanzerte Vollkettenfahrzeug mit einer Wattiefe bis zu 1,20 m ermöglicht mit seiner Geräteausstattung den Anschluß von Brigade-Gefechtständen an das sogenannte AUTOKO-Netz. Zur Ausrüstung gehören als Antennenträger ein Zehn-Meter-Mast, ein SEA 1,9 KW, ein Sprachschlüsselgerät, ein Rifu-Gerätesatz klein sowie eine Fernsprechvermittlung AUTOKO.

Trägerfahrzeug Radarausstattung MTW M113 A2 (EFT) GE A0 (ABRA). Das gezeigte Fahrzeug gehört zu den ersten leistungsgesteigerten MTW-Radarträgern RATAC, erkennbar an den außenliegenden Kraftstofftanks. Das an einem 7,16 m hohen hydraulischen Teleskopmast angebrachte Dopplerradargerät vom Typ RATAC, Reichweite 20 km, dient zum Einschießen, der Ortung von Zielen und zur Gefechtsfeldüberwachung. Besatzung 4 Soldaten, Gefechtsgewicht 13 t, Geschwindigkeit 35 km/h (Straße), Fahrbereich 300 km/h. Techn. Daten und Bewaffnung siehe M 113 A1 GE.

Radarträger Artillerieaufklärung GREEN ARCHER (= Grüner Bogenschütze) M 113, (TrFz GREEN ARCHER M 113 A1 GE). Älteres Artillerieradargerät Typ F.A. No. 8 MK.2 der britischen Firma EMI zur Erfassung und Ortung von Steilfeuerwaffen. Während des Einsatzes dreht sich der komplette Radarträger mit klappbarer Reflektorantenne um 360°. Die maximale Meßentfernung beträgt 30 km. Besatzung 4 Soldaten. Die ab 1967 eingeführten Geräte auf formgeänderten Fahrgestellen M 113 wurden keiner weiteren Leistungssteigerung unterzogen, da das System als veraltet gilt. Gefechtsgewicht 12,5 t, Geschwindigkeit 45 km/h, Fahrbereich 380 km/h. Techn. Daten und Bewaffnung wie M 113 A1 GE.

Der Beobachtungspanzer Artillerie M 113 (BeobPzArt M 113 A1 GE) ist das Fahrzeug für den vorgeschobenen Beobachtungstrupp der Panzerartillerie. Dieser ermittelt vor allem Zielkoordinaten (Höhen- und Seitenwinkel, Entfernung), wobei der eigene Standort mit Hilfe der Fahrzeugnavigationsanlage FNA 615 festgestellt wird. Für die Zielerfassung wird das Doppelperiskop PERI D 11 mit Laserentfernungsmesser verwendet. Über das Daten-Ein- und Ausgabegerät DEA 64 werden die gesammelten Daten formatiert und über ein Funkgerät an den Feuerleitrechner FALKE des ArtBtl weitergegeben. Besatzung 4 Soldaten, Gefechtsgewicht 12,1 t, Geschwindigkeit 35 km/h (Straße), Fahrbereich 300 km. Weitere techn. Daten und Bewaffnung wie M 113 A1 GE.

Fahrschulpanzer M 113 A1. Die Ausbildung der Kraftfahrer erfolgte ausschließlich auf Gefechtsfahrzeugen M 113 mit Doppelbedieneinrichtung. Charakteristisch war die aufgesetzte Wetterschutzkabine für den Fahrlehrer.

Fahrschulpanzer M 113. Um die praktische Fahrausbildung der Kraftfahrer für den M 113 zu verbessern, wurde aus überzähligen Fahrgestellen ein Schulpanzer mit abgekoppeltem Laufwerk (aLw) entwickelt und eingeführt. Dazu wurde die leicht abgewandelte Fahrschulkabine, einschließlich Doppelbedieneinrichtung, des Schulpanzer Kpz LEOPARD 1, KPz LEOPARD 2 und SPz MARDER, übernommen. Zur Integration der Fahrschulkabine müssen Teile aus dem Wannendach herausgeschnitten werden. Die Fahrschulkabine bietet Platz für den Fahrlehrer und zwei Fahrschüler. Gewicht, Schwerpunktlage und Fahrverhalten entsprechen dem Originalfahrzeug mit ca. 12,5 t Gesamtgewicht. Der Schulpanzer ist mit der geänderten Lenk-/Bremsanlage und dem Fahrstand der LDV-Pz M 113 Varianten bis 12,5 t ausgestattet. 40 Fahrzeuge werden bis Ende 1997 beschafft.

Das Minenwerferfahrzeug (MiWFz M 548 GA 1) SKORPION wurde vom US-Kettenfahrgestell M 548 abgeleitet und gehört zur Fahrzeugfamilie M 113. Beladen mit 600 Pz Abw WMi AT 2, verlegt der Minenwerfer je nach Geländeart eine Minensperre von 1500 m Breite und 200 m Tiefe innerhalb von 10 Minuten. Das Minenwurfsystem SKORPION gehört zur Ausstattung der Panzerpionierkompanien der Brigaden und der Pionierbataillone der Divisionen. Mit einem Einstell-, Prüf- und Abfeuergerät kann die Wirkzeit, Minendichte, Ausstoßseite und Ausstoßart programmiert werden.
Besatzung 2 Soldaten, max. Geschwindigkeit 40 km/h, Fahrbereich 500 km (69 l/100 km), Gewicht 11,43 t, keine Nebelmittelwurfanlage. Techn. Daten und Bewaffnung wie beim M 113 A1 GE.

763 Fahrzeuge des sowjetischen Schützenpanzers BMP 1 der NVA waren nach der Wiedervereinigung für den weiteren Betrieb in der Bundeswehr eingeplant. Die Fahrzeuge sollten dazu einen Teil der für Kettenfahrzeuge geltenden Sicherheitsbestimmungen nach der StVZO erfüllen. Die Zulassung für den öffentlichen Straßenverkehr konnte nicht erfolgen, da die Kosten für diese Maßnahmen im Hinblick auf die begrenzte Nutzungsdauer zu hoch waren. Änderungen in den Bereichen Lenk-, Brems- und Kraftstoffanlage, Getriebe, Beleuchtung, Turm und Waffenanlage mußten durchgeführt werden. Das Aufbringen von rutschhemmenden Belägen auf Wannen- und Turmflächen, sowie das Anbringen von Haltegriffen und Aufstiegshilfen erhöhte zusätzlich die Sicherheit des BMP 1 A1, wie er nun hieß.

587 Schützenpanzer BMP 1 A1 Ost wurden von der Firma SIVG Neubrandenburg für die Bundeswehr umgerüstet. Auf dem Bild ist ein Teil der vorgenommenen Änderungen zu erkennen: Die Aufstiegshilfe mit Haltegriffen auf der hinteren linken Kettenabdeckung, der rutschfeste Belag der Trittflächen, das Leitkreuz und die Beleuchtungsanlage.
Bedingt durch eine sogenannte Strukturanpassung wurde die Umrüstung bei einer Stückzahl von 587 abgebrochen und die Fahrzeuge aus der Nutzung genommen.
Von den umgerüsteten Fahrzeugen kaufte Griechenland 500 Stück.

Schützenpanzer BMP 1 A1 Fahrschulpanzer mit Kabine 500 U. Es blieb bei einem Einzelstück, da aus strukturellen Gründen keine weiteren Fahrzeuge beschafft wurden. Für den Fahrschullehrer wurde - wie beim MTW M113 und beim SPz MARDER - eine verglaste Kabine anstelle des Waffenturmes eingesetzt. Als Grundlage diente die Fahrschulkabine des Fahrausbildungspanzer 500 U der ehem. NVA. Mit ihm wurden die Besatzungen für den T 55 und den T 72 auf einem modernisierten Fahrgestell der Fla SFl 57-2 ausgebildet. Das Fahrzeug wurde ebenfalls an Griechenland abgegeben.

Die in großen Stückzahlen vorhandenen KanonenJgPz 4 und 5 (770 Stück) wurden in den Jahren 1983-1985 zum RakJgPz 4 (JAGUAR 2, 162 Fahrzeuge) mit dem ausfahrbaren Einzelstarter-System TOW umgerüstet. Durch Ausbau der Kanone und Aufsetzen einer Panzerplatte auf die Kanonenblende erhielt das Fahrzeug ein gänzlich anderes Aussehen.

Ebenfalls aus alten Beständen der KanJgPz 4 und 5 wurde bis 1988 die beachtliche Zahl von 450 Fahrzeugen zu Beobachtungspanzern umgerüstet. Dies geschah jedoch mehr als Notbehelf, da nach wie vor die Kanonenkugelblende aus Gewichtsgründen am Fahrzeug verblieb. Lediglich die 90-mm-Bordkanone wurde entfernt.

Aus dem RakJgPz 2 (SS-11), 1967/68 mit insgesamt 316 Stück ausgeliefert, wurde ab 1982 der RakJgPz 3 (JAGUAR 1) mit LFK HOT (Einzelabschußanlage mit Trommelgurtanlage, acht Raketen) der Panzerbrigaden.

Erste Versuche mit einem Wärmebildgerät zur Steigerung der Nachtkampffähigkeit des RakJgPz 4 wurden ab 1988 durchgeführt. Die Firma ELTRO entwickelte dazu ein Gerät, das auf dem gepanzerten Kampfraum neben der Startanlage montiert wird und den Einsatz bei völliger Dunkelheit und bei jedem Wetter erlaubt. Die Umrüstung von 183 Fahrzeugen fand von 1991 bis1995 statt.

Beobachtungspanzer (BeobPz) und Beobachtungs- und Führungspanzer (BeobPz/FuePz A0 A1). Not macht erfinderisch. Von den ehemaligen Kanonen jagdpanzern 4 + 5 wurden bis Ende der achtziger Jahre eine größere Anzahl zu BeobPz Artillerie (269 Fahrzeuge) und zu Beob/FuePz A0 A1 (217 Fahrzeuge) umgebaut. Auf dem vorderen linken Teil des Wannendaches befindet sich die Kdt-Luke mit Winkelspiegelsatz und davor die drehbare Optik. Auf der rechten Seite ist die Beobachterluke mit Fla-Mg und Rundblick-Periskop. Ab 1990 wurde ein Zielortungsgerät (ZOG) auf Hublafette nachgerüstet. Der Auftrag wurde von Thyssen-Henschel/Kassel erledigt. 4 Mann Besatzung, Gefechtsgewicht: 25,7 t. Antrieb: Dieselmotor DB MB 837, wassergekühlt, Motorleistung: 368 kW (500 PS), Geschwindigkeit auf der Straße: 70 km/h. Bewaffnung: 1 FlaMG 7,62 mm, 1 Nebelmittelwurfanlage.

Jagdpanzer JAGUAR 1 (HOT).Von den 1978 bis1982 mit Zusatzpanzerung und deutsch-französischem Panzerabwehrlenkflugkörpersystem HOT umgerüsteten 316 Fahrzeugen aus ehemaligen RakJPz 2 wurden zu Beginn der neunziger Jahre weitere Fahrzeuge einer nochmaligen Kampfwertsteigerung unterzogen (siehe nächstes Bild).

Fahrzeuge mit der Bezeichnung RakJgPz JAGUAR 1 A0 A1 erkennt man an dem deutlich größeren Richtkopf. In ihm ist außer der Tagesoptik ein leistungsfähiges Wärmebildgerät integriert, das den JAGUAR voll nachtkampffähig macht. Beide Fahrzeugtypen haben eine Einzelschußanlage vom Typ K 3 S mit Trommelmagazin für acht HOT-Flugkörper. In Stauplätzen können weitere zwölf Flugkörper mitgeführt werden. Die LFK sind bis zu einer maximalen Entfernung von 4000 m einsetzbar. Besatzung 4 Mann, Gefechtsgewicht 23 t, Bewaffnung Panzerabwehr-Lenkflugkörper HOT, ein Bug- und ein FlaMG 7,62 mm. Antrieb und Leistung wie BeobPz.

Der Jagdpanzer JAGUAR 2 (TOW) ist eine reine Defensivwaffe. Insgesamt 165 Fahrzeuge des KanJgPz wurden zum Jagdpanzer 2 umgebaut und an die Truppe ausgeliefert. Die Hauptwaffe mit Kugelblende wurde entfernt und dafür eine Zusatzpanzerung wie beim Jagdpanzer 1 nachgerüstet. Ausgerüstet mit der Panzerabwehrwaffe TOW aus US-Produktion, bekämpft der JAGUAR 2 Ziele bis zu einer Entfernung von 3000 m. Die Besatzung besteht aus Kommandant, Ladeschütze, Richtschütze und Fahrer. Gefechtsgewicht 24,9 t, Bewaffnung: ein Abschußgerät TOW, Kampfbeladung 12 FK, ein FlaMG 7,62 mm, Nebelmittelwurfanlage. Die Version JAGUAR 2 A0 A1 erhielt ein Wärmebildgerät, das dem JPz Nachtkampffähigkeit verleiht. Antrieb und Leistung wie BeobPz.

Fahrschulpanzer JgPz JAGUAR. Technische Probleme führten bei den bisher eingesetzten Fahrschuleinrichtungen des Systems JAGUAR zur zeitweiligen Sperrung der Fahrzeuge für den öffentlichen Straßenverkehr. Um dieses und weitere anstehende Probleme zu beheben, wurde ein neuer Fahrschulpanzer JgPz JAGUAR in einer Stückzahl von sechs Fahrzeugen beschafft. Hierzu wurden überzählige Fahrschulkabinen des Fahrschulpanzers KPz LEOPARD 1 in abgeänderter Form auf das Chassis des JgPz aufgesetzt. Für die Integration der Kabine war es erforderlich, Teile aus dem Dach des Wannenoberteils herauszutrennen.

Vom Schützenpanzer MARDER 1 wurden zwischen 1970 und 1975 eine Stückzahl von 2.136 Fahrzeugen an die Bundeswehr geliefert. 36 Spz wurden zu Fahrschulpanzern umgebaut. Seine 20-mm-Bordmaschinenkanone in Scheitellafette machte den MARDER in Verbindung mit seiner hohen Mobilität zu einem kampfstarken Fahrzeug, das in Militärkreisen zu jener Zeit große Beachtung fand.

Der Warschauer Pakt setzte – im Unterschied zum MARDER – bei seinen Schützenpanzern auf eine stärkere Bordbewaffnung und eine niedrigere Silhouette. Dem versuchte die Bundeswehr bereits 1975 mit einer ersten Kampfwertsteigerung ihres Spz zu begegnen. Der MARDER erhielt zur Abwehr feindlicher Panzer die Pz-Abwehrlenkrakete MILAN, die entweder vom Turm aus oder auch abgesetzt eingesetzt werden kann. Vier LFK werden mitgeführt. Die 1982 abgeschlossene Umrüstung, unter anderem eine neue Doppelgurtzuführung der Maschinenkanone 20 mm bei 1.024 Fahrzeugen, erhielt die Typbezeichnung MARDER 1A1. Bei 650 SPz wurde zusätzlich noch ein passives Nachtziel- und Beobachtungsgerät eingebaut.

Eine zweite Kampfwertsteigerung an 1.462 Schützenpanzern in den Jahren 1984 bis 1988 führte zum MARDER 1A2. Dabei kam hauptsächlich ein Wärmebildziel- und Beobachtungsgerät zum Einbau.

Seit 1989 werden rund. 2.100 SPz MARDER 1A1/A2 durch Anbringen einer zusätzlichen Panzerung, Änderung der Kampfraumheizung, Funktionsverbesserungen im Bereich des Turmes und des Fahrgestelles erneut kampfwertgesteigert. Soweit noch nicht vorhanden, wird ein Wärmebildziel- und Beobachtungsgerät (WBG) nachgerüstet. Diese kampfwertgesteigerte Version erhielt die Typbezeichnung MARDER 1A3. Die Umrüstung wird bis 1998 abgeschlossen sein. Eingesetzt wird der MARDER in den PzGrenBtl der mechanisierten Brigaden (KRK und HVK).

Bereits Mitte der achtziger Jahre begann man einen Nachfolger für den SPZ MARDER 1 zu entwickeln, der eine neue Wanne, eine Bordkanone größeren Kalibers (35 mm), einen neuen Turm, einen verbesserten Kampfraum und eine niedrigere Silhouette erhalten sollte. Unter der Bezeichnung SPz MARDER 2 wurde ein Prototyp gebaut und eingehenden Erprobungen unterzogen. Jedoch fiel dieses Projekt dem Rotstift zum Opfer; der Prototyp ist jetzt im Panzermuseum in Munster zu besichtigen. So wird der MARDER 1 noch weit bis ins 21. Jahrhundert hinein Standard-Schützenpanzer der deutschen Panzergrenadiere bleiben.

Die Abbildung zeigt den Schützenpanzer MARDER 1 A2 mit 20-mm-Bordmaschinenkanone (BMK), Turm-MG und dem LFK MILAN. Gefechtsgewicht 30 t, Motorleistung 441 kW (600 PS), max. Geschwindigkeit: 75 km/h, Fahrbereich 520 km. Die Watfähigkeit mit Tiefwatschnorchel beträgt 2 m. Besatzungsstärke drei + sechs Mann.

Der Schützenpanzer MARDER 1 A3 wurde aus dem Vorgängermodell SPz MARDER 1 A1/A2 weiterentwickelt und umgerüstet. Die Kampfwertsteigerung umfasst eine bedrohungsgerechte Verbesserung des passiven Panzerschutzes aus Panzerstahl in Schottbauweise. Der Turm, seine Scheitellafette und das Wärmebildgerät erhielten ebenfalls eine Zusatzpanzerung. Die 20-mm-BMK wurde beibehalten, jedoch das 7,62-mm-MG an die linke Seite der Scheitellafette verlegt (im Bild ausgebaut). Durch die Zusatzpanzerung erhöhte sich das Gewicht auf 33,5 t. Als Antrieb dient weiterhin ein MTU-Dieselmotor, wobei die max. Geschwindigkeit, bedingt durch das hohe Gewicht, auf 65 km/h reduziert wurde.

Der Fahrschulpanzer MARDER 1 besteht aus dem Fahrgestell des SPz MARDER 1 A1/A2 und einer verglasten Fahrerkabine, die anstelle des Waffenturmes auf den Drehkranz montiert wurde. Für Ausbildungszwecke wurde eine Übersteuerungs- und Überwahlanlage eingebaut.

Mit Übergabe des ersten Kampfpanzer M 47 am 19.1.1956 in Andernach wurde der Grundstein zu einer der stärksten Panzerarmeen der NATO in Westeuropa gelegt. Bereits 1957/58 wurden die Panzerverbände mit dem M 48A1 Patton II (90 mm) und ab 1959 mit dem M 48A2C ausgestattet. Im Jahre 1978 wurden M 48A2G mit einer 105 mm Kanone, verstärkter Kanonenblende und diversen Nachrüstungen zu M 48A2GEA2 umgerüstet und bei den Heimatschutzbrigaden eingesetzt.

Varianten des M 48 waren der Brückenlegepanzer M 48A2C, die Pionierversion mit Räumschild, mit und ohne Waffenanlage als Pionierpanzer M 48A2GEAI, und nicht zuletzt der Bergeschlepper M 48. Dieser entstand durch Aufsetzen freigewordener Bergeanlagen des PionierPz 1 auf überzähligen Fahrgestellen des Kampfpanzers M 48. Obwohl eine Einführungsgenehmigung erteilt wurde, verzichtete man auf die Beschaffung, da zu diesem Zeitpunkt kein Bedarf mehr bestand.

Zur Panzerfamilie des M 48 kann außerdem der mittlere Bergepanzer M 88 gezählt werden. Der früher bei allen Panzerverbänden anzutreffende Bergepanzer M 88 wurde 1985 einer Kampfwertsteigerung unterzogen und erhielt die Bezeichnung BergePz 1 M 88A1GE.

Zwischenzeitlich ist die M-48-Familie, bis auf den Bergepanzer M 88, außer Dienst gestellt. Lediglich einige Fahrgestelle werden noch zur Umrüstung für den Minenräumpanzer KEILER benötigt.

Nach jahrelangen Testphasen ist der KEILER truppentauglich: Am 31. April 1996 wurde er offiziell eingeführt. Haushaltsmittel für 27 Fahrzeuge wurden genehmigt.

Kampfpanzer M 48 A2 G A2. Alle 650 Fahrzeuge dieses seit 1978 kampfwertgesteigerten Kampfpanzers, hervorgegangen aus dem KPz M48 A2 C, fielen der KSE-Beschränkung zum Opfer. Lediglich einige Wannen wurden als Trägerfahrgestelle für den Minenräumpanzer KEILER zurückbehalten. Ausgerüstet war der KPz M 48 A2 G A2 mit der 105-mm-BK des KPz LEOPARD 1, geänderter Kanonenblende und neuer Kommandantenkuppel. An optronischen Geräten waren das Ziel- und Beobachtungsgerät PZB 200 eingebaut. Die Leistungsmerkmale entsprachen dem Grundmodell KPz M 48 A2 C: Dieselmotor mit 615 kW (836 PS), Gefechtsgewicht 47,6 t, Besatzung 4 Mann, Munitionsvorrat der Bordkanone 60 Schuß.

Der Minenräumpanzer KEILER ist ein gepanzertes Kettenfahrzeug mit hydraulisch angetriebener Bodenfräse vor dem Bug. Als Basisfahrzeug dient ein geändertes Fahrgestell des KPz M 48. Mit seinen rotierenden Schlagelementen räumt er alle offen und verdeckt verlegten Minen, auch solche mit modernen Zündern und Sensoren. Er gewährleistet ein verzugloses und sicheres Räumen von Gassen in Minensperren unter Panzerschutz. Die Räumtiefe beträgt 0,25 m, die Räumbreite 4,70 m. Die Geschwindigkeit beim Räumen liegt zwischen 0,2 bis 4 km/h. Als Antrieb dient ein 8-Zylinder MTU-Viertakt-Dieselmotor mit 814 kW (1107 PS). Generalunternehmer ist die Firma Krupp-MaK Kiel.
Beide Aufnahmen zeigen das Serienfahrzeug. Auf dem rechten Bild besonders zu beachten, ist das am Heck angebrachte Räumspurmarkierungssystem (CLAMS). Eingesetzt werden soll der KEILER bei den Panzerpionierkompanien der mechanisierten Brigaden.

Bergepanzer M 88 A1 GE. 1962 erhielt die Panzertruppe die ersten des noch als M 88 bezeichneten BPz. Zunächst noch mit Benzinmotor ausgerüstet, wurde ab 1985 mit der Umrüstung auf AVST-Dieselmotoren begonnen. Neben dieser leistungssteigernden Maßnahme wurde eine stärkere Bergewinde und die Unterbringung der Seilführung für den A-Baum in geschützte Kästen vorgenommen. Das Fahrzeug wird jetzt als BPz M 88 A1 GE geführt. Mit seinem hydraulisch aufrichtbaren A-Baum kann der Bergepanzer Lasten bis zu 25 t heben und mit seiner Seilwinde bis zu 45 t ziehen. Besatzungsstärke 4 Mann, Gewicht 52 t, Antriebsleistung 405 kW (642 PS). Der BPz M 88 A1 GE wird an NATO-Partner abgegeben.

Bereits 1957, also noch in der Hochphase des Zulaufs der M 47/M 48, beschäftigte man sich mit der Entwicklung eines eigenen deutschen Panzerkampfwagens, der später den Namen LEOPARD erhalten sollte. Ab 1960 wurden die ersten Prototypen getestet und 1963 begann der ausgewählte Generalunternehmer Kraus-Maffei mit der Auslieferung der ersten von insgesamt 1.845 Kampfpanzern LEOPARD mit 105-mm-Kanone.

1972 wurden die ersten größeren Nachrüstungen durchgeführt. Dazu gehörte der Einbau einer Waffenstabilisierungsanlage, einer Rohrschutzhülle (als sichtbare Veränderung), aufklappbarer Panzerschürzen und einer neuen Gleiskette. Der Kampfpanzer bekam nun die Bezeichnung LEOPARD 1 A1.

Diese Nachrüstung konnte auch an den ersten vier Baulosen vorgenommen werden. Sie trugen dann die Bezeichnung Kampfpanzer LEOPARD A1. 232 Fahrzeuge des fünften Bauloses erhielten als LEOPARD 1 A2 einen verstärkten Gußturm. Weitere 110 Fahrzeuge des gleichen Bauloses erhielten als Kampfpanzer LEOPARD 1 A3 geschweißte Türme in Schottbauweise. Das sechste und letzte Baulos von 250 KPz LEOPARD 1 A4 erhielt wie die Kampfpanzer LEOPARD 1 A3 einen geschweißten Turm in Schottbauweise.

1975 bis 1977 rüstete man Kampfpanzer der ersten vier Baulose mit einer Turmzusatzpanzerung aus. Damit wurde der ballistische Schutz des Kampfpanzer LEOPARD 1 A2 erreicht. Die Bezeichnung der so umgerüsteten Fahrzeuge lautete Kpz LEOPARD 1 A1 A1 bis KPz LEOPARD 1 A1 A4.

Ab 1986 wurden die Kampfpanzer LEOPARD 1 weiter nachgerüstet. Dazu zog man die Baulose des KPz LEOPARD 1 A1 heran, die nach erfolgter Umrüstung als Kpz LEOPARD 1 A5 zur Truppe kamen. Äußeres Erkennungszeichen ist – außer dem fehlenden Raumbildmesser – der gut sichtbare Ausblickkopf des Entfernungsmeßgerätes 18 (EMES 18) sowie die Winkelspiegel-Waschanlage für den Fahrer. Bis 1992 wurden 1.339 Fahrzeuge kampfwertgesteigert.

Eine Reihe von Sonderentwicklungen auf dem Fahrgestell des LEOPARD 1, unter anderem Fahrschulpanzer, Bergepanzer, Brückenlegepanzer, Flakpanzer und Pionierpanzer, bilden die LEOPARD-1-Familie.

Kampfpanzer LEOPARD 1 A1 A3. Die Nachrüstung und die Kampfwertsteigerungen des KPz LEOPARD 1 haben mit dem KPz LEOPARD 1 A5 im Jahre 1993 wohl ihr vorläufiges Ende gefunden. Zu den wesentlichen, äußerlich erkennbaren Veränderungen seit 1972 gehören die Waffenstabilisierungsanlage, die Rohrschutzhülle, die aufklappbaren Panzerschürzen, die neue Gleiskette mit auswechselbaren Gummipolstern, die Turmzusatzpanzerung und das passive Ziel- und Beobachtungsgerät PZB 200. Im Kampfraum wurden noch umfangreichere Änderungen vorgenommen. Ein Vertreter der früheren Ausführung ist der abgebildete KPz LEOPARD 1 A1 A3. Bis auf den KPz LEOPARD 1 A5 wurden alle Kampfpanzer der früheren Baulose vertragsgerecht bis 1993 ausgesondert.

Der Kampfpanzer LEOPARD 1 A2 wurde von April 1972 bis Mai 1973 als 5. Baulos in einer Stückzahl von 232 Fahrzeugen ausgeliefert. Besonderes Merkmal ist der in verstärkter Form gegossene Turm, erkennbar an der ovalen Form des optischen Entfernungsmesser. Die Feuerleitanlage blieb konventionell. Neu waren die elektro-hydraulische Waffenrichtanlage für die Stabilisierung der Bordkanone, eine Wärmeschutzhülle für die Borkanone und ein passives Bildverstärker-Nachsichtgerät für Kommandant und Fahrer. Das Fahrwerk erhielt die neue Verbindergleiskette D 640 A sowie seitliche Kettenblenden. Der Kampfraum wurde mit einem verbesserten ABC-Schutz versehen. Nicht mehr im Bestand.

Kampfpanzer LEOPARD 1 A3. 110 Fahrzeuge der zwischenzeitlich erhöhten Stückzahl des 5. Bauloses wurden von August 1974 bis März 1976 ausgeliefert. Sie erhielten jetzt geschweißte Türme in Schottbauweise, eine keilförmige geschweißte Blende; der Ladeschütze einen dreh- und kippbaren Winkelspiegel. Im Turmheck wurden ein Zielscheinwerfer und sonstiges Zubehör verstaut. Die Grundausrüstung entsprach der des Kampfpanzers LEOPARD 1 A2. Nicht mehr im Bestand.

Kampfpanzer LEOPARD 1 A4. Als 6. und letztes Baulos der Baureihe KPz LEOPARD 1 für die Bundeswehr wurde der KPz LEOPARD 1 A4 von August 1974 bis März 1976 in einer Stückzahl von 250 Fahrzeugen gefertigt. Äußerlich läßt er sich vom KPz LEOPARD 1 A3 nur durch das PERI R 12 - einem eigenstabilisierten Rundblickperiskop mit IR-Nachtsichtkanal für den Kommandanten - unterscheiden. Wesentlich umfangreicher waren jedoch die Änderungen im Kampfraum. So erhielt das Fahrzeug eine integrierte Feuerleitanlage für Richtschütze und Kommandant, ein rechnergestütztes Raumbild-Entfernungsmeß- und Hauptzielgerät (EMES 12 A1), einen Feuerleitrechner (FLER-HG) und als Hilfszielfernrohr für den Richtschützen das TZF 1A. Alle anderen Komponenten entsprechen der Ausführung A3. Nicht mehr im Bestand.

Kampfpanzer LEOPARD 1 A5. Die 1986 begonnene Nachrüstung auf den Rüststand LEOPARD 1 A5 zielte auf eine Umrohrung der 120-mm-Glattrohrkanone des KPz LEOPARD 2 ab. Bis auf die Bordkanone wurde diese Umrüstung bereits vollzogen. Den Raumbild-Entfernungsmesser ersetzte die Feuerleitanlage EMES 18. Laserschutz für die optischen Geräte, Veränderungen am Turmzielfernrohr, Einbau einer 13-Schuß-Munitionshalterung im Turm, einer Winkelspiegel-Waschanlage für den Fahrer sowie einige Verbesserungen am Laufwerk und der ABC-Schutzanlage zählten ebenfalls zu den kampfwertstei gernden Maßnahmen.

Bergepanzer 2 A2. Ende der siebziger Jahre erhielt die Firma MaK den Auftrag, 100 Fahrzeuge einer leistungsgesteigerten Version auf Basis des Bergepanzer 2 STANDARD zu fertigen. Wesentliche Änderungen waren ein verstärkter Kran (20 t), rechts am Heck eine Teleskopabstützung sowie die Erhöhung der Seilausfahrgeschwindigkeit. Die Leistungssteigerung wurde durch die Einführung des KPz LEOPARD 2 und des Flugabwehrpanzers GEPARD notwendig, da erst dadurch die Möglichkeit zum Ziehen des Kampfturmes beider Systeme möglich wurde. Das Gefechtsgewicht des BPz 2 A2 beträgt 40,6 t. Mit dem Bpz 2 ausgestattet sind alle LEOPARD 1 PzBtl und PzGrenBtl, sowie eine Reihe selbständiger Instandsetzungs-Einheiten.

Beim Pionierpanzer 2 A1 DACHS handelt es sich - im Unterschied zum BPz 2 A1 - um keine Neuentwicklung. Der DACHS entstand auf der Basis freigewordener Fahrgestelle des PiPz 1 und des BPz 2 STANDARD. Eingesetzt ist der DACHS bei den Panzerpionierkompanien und den Pionierbataillonen.

Gegenüber seinen Vorgängern weist der PiPz 2 A1 grundlegende Änderungen auf. Statt Kranausleger und Erdschnecke verfügt der DACHS über einen um 195° schwenkbaren Teleskoparm mit Tieflöffel. Die Baggerleistung beträgt 140 m∆/h, die Räumleistung 270 m∆/h. Arbeiten in Gewässern sind bis zu einer Tiefe von 0,80 m möglich, mit Tiefwatausrüstung bis 2,25 m. Sollte es die Situation erfordern, kann mit einem Luftschacht und besonderen Vorkehrungen bis zu einer Wassertiefe von 4 m gearbeitet werden. Antriebsleistung 610 kW (830 PS), Gefechtsgewicht 43 t, Steigfähigkeit 50%, Querneigung 30%, Grabtiefe 5 m. Ein 3,25 m breites Räumschild sitzt an der Vorderfront.

Der Brückenlegepanzer BIBER auf Fahrgestell des KPz LEOPARD 1 führt eine zweiteilige Panzerbrücke mit, die im freien Vorbau verlegt wird. Der Vorteil des Verlegesystems liegt darin, daß die gekuppelten Brückenhälften horizontal verlegt werden und somit kaum ein Ziel bieten. Die Verlegezeit der Brücke beträgt zwischen 2 und 8 Minuten, je nach Geländebeschaffenheit. Geländeeinschnitte bis zu 20 m können überwunden werden. Die Länge der Brücke beträgt 22,00 m, die Breite 4 m. Gewicht des Panzers mit Brücke: 45,3 t. Mit dem BIBER sind die PzPiKp der Brigaden ausgerüstet.

Mit Beginn der sechziger Jahre waren sich die Bundeswehr und die amerikanischen Verbündeten im klaren, daß als Ersatz für den KPz M 48 wie auch für den KPz M 60 der U.S.-Streitkräfte ein neuer Kampfpanzer gebaut werden müßte. Die Entscheidung, dies mit den Amerikanern zusammen zu tun, führte ab Mitte 1969 zum Projekt Kampfpanzer 70. Als sich die Amerikaner zurückzogen, war der Weg zur Eigenentwicklung eines weiteren deutschen Kampfpanzers frei. Das Projekt erhielt den Namen Kampfpanzer LEOPARD 2. Ein nochmaliger Anlauf, das Projekt zusammen mit den Amerikanern voranzutreiben, scheiterte 1977 aus verschiedenen Gründen.

Als im Herbst des Jahres 1979 der erste Kampfpanzer LEOPARD 2 an die Truppe ausgeliefert wurde, fieberten viele Panzerbesatzungen dem Tag entgegen, an dem sie mit diesem Fahrzeug fahren dürften. Mittlerweile wohl als weltbester Kampfpanzer bezeichnet, ist er nicht nur in der Bundeswehr »das Waffensystem«, sondern auch bei den niederländischen Streitkräften, der schweizer Armee und seit 1994 auch bei der schwedischen Landesverteidigung. Bei Vergleichserprobungen mit dem U.S. Kpz M 1 ABRAMS und dem französischen KPz AMX 30 ging der LEOPARD 2 als klarer Sieger hervor.

In sechs Baulosen gefertigt, die sich geringfügig unterscheiden sind derzeit 1900 LEOPARD 2 bei den deutschen Streitkräften eingeführt. Der KPz LEOPARD 2 hat ein Gefechtsgewicht von ca. 55 t und eine Motorleistung von 1100 kW (1500 PS). Seine Besonderheit ist

Der Fahrschulpanzer LEOPARD 1 wurde auf Basis des Fahrgestells KPz LEOPARD 1 für die Ausbildung von Fahrschülern entwickelt. Anstelle des Turmes wurde eine Fahrschulkabine mit Ballastring aufgesetzt, um die Fahreigenschaften nicht zu beeinträchtigen. Eine Übersteuerungsanlage ermöglicht es dem Fahrschullehrer, jederzeit in das Fahrgeschehen eingreifen zu können. Bestand: 60 Fahrzeuge.

die durch Elektronik gesteuerte Waffenstabilisierungsanlage, die es ihm bei Neigung und in voller Fahrt erlaubt, seine 120-mm-Glattrohrkanone wirkungsvoll einzusetzen. Der KPz LEOPARD 2 ist wie der Kpz LEOPARD 1 unterwasserfahrfähig. Mit Tauchschacht ausgerüstet, kann er mühelos Flüsse bis zu einer Tiefe von 4 Metern durchfahren.

Momentan (1997) wird bei 225 Fahrzeugen eine Kampfwertsteigerung durchgeführt, die eine zusätzliche Panzerung im Bereich des Turmdaches und der Turmblendenpanzerung im vorderen Bereich vorsieht. Die Besatzung und vor allem der Fahrer erhalten dadurch einen zusätzlichen Schutz gegen Beschuß von oben – eine Reaktion auf neue Waffensysteme, die Kpz bevorzugt von oben bekämpfen. Das Fahrzeug wird nach der Kampfwertsteigerung Stufe II die endgültige Bezeichnung Kampfpanzer LEOPARD 2 A5 erhalten. Weitere Projektstudien und Versuche auf LEOPARD 2 Fahrgestellen finden statt, unter anderen auch mit einer 140-mm-Kanone. Eine Verwirklichung dürfte aber erst im nächsten Jahrtausend stattfinden.

Da es für den Bergepanzer 2 A1 ein schwieriges Unterfangen war, den LEOPARD 2 zu unterstützen (etwa beim Ziehen des Turmes), wurde ein neuer Bergepanzer mit Fahrgestell des LEOPARD 2 entwickelt. Mit dem ab 1992 ausgelieferten BÜFFEL sind alle LEOPARD-2-Verbände ausgestattet.

Die LEOPARD-2-Panzerfamilie wird weit bis ins 21. Jahrhundert hinein das Hauptwaffensystem der Panzertruppe der Bundeswehr darstellen.

Kampfpanzer LEOPARD 2 A4. Als Vertreter der LEOPARD-2-Serie sei hier der KPz LEOPARD 2 A4 des 6. und 7. Bauloses vorgestellt. Von seinen Vorgängern der Baulose 1 bis 5 unterscheidet er sich unter anderem durch seinen verbesserten integrierten Panzerschutz am Turm und an der Fahrerfront. Neue, schwerere Kettenschürzen wurden angebracht, die bei der Bahnverladung im vorderen Bereich nach unten entfaltet werden. Eine neue Kette, wartungsfreie Batterien und eine verbesserte Leitradabdeckung ergänzen die Kampfwertsteigerung. Abweiserbügel schützen die am Turm angebrachten Nebelwurfbecher vor Beschädigungen bei Fahrten im bewachsenen Gelände. Hauptwaffe ist eine 120-mm-Glattrohrkanone, unterstützt durch ein koaxiales MG sowie - auf dem Turm – durch ein FlaMG, beide im Kaliber 7,62 mm. Besatzung 4 Mann, Gefechtsgewicht 55,1 t. Der eingebaute 12-Zylinder-Vielstoffmotor mit 1104 kW (1500 PS) verleiht dem LEOPARD 2 eine Geschwindigkeit von 70 km/h bei einem Fahrbereich von 500 km.

Kampfpanzer LEOPARD 2 A5. Mit Auslieferung des ersten Serienfahrzeuges des kampfwertgesteigerten Leopard 2 A5 an die Panzertruppe wurde die Zielsetzung einer künftigen Überlegenheit auf dem Gefechtsfeld umgesetzt und verwirklicht. Die 1992 festgelegte Konfiguration für die serienmäßige Kampfwertsteigerung unter trilateralen Gesichtspunkten (Gemeinschaftsprojekt der Bundesrepublik Deutschland, der Niederlande und der Schweiz) beinhaltete die Verbesserung des direkten und indirekten Schutzes, der Nachtkampffähigkeit, der Feuerkraft und der Führbarkeit. Eine Vielzahl von Einzelmaßnahmen zur Kampfwertverbesserung wurde an Truppenversuchsmustern erprobt und umgesetzt.

Das auf den Abbildungen gezeigte Serienfahrzeug des Kpz LEOPARD 2 A5 weist folgende Veränderungen zum Kpz LEOPARD 2 A4 auf:

- verstärkter Panzerschutz an Turmfront und Turmseiten
- austauschbare Schutzmodule
- erhöhte Nachtkampffähigkeit durch Integration eines Wärmebildgerätes in das Periskop
- Ersatz der Waffenturmhydraulik durch ein vollelektronisches System aus Gewichtsgründen
- neukonstruierte Fahrerluke
- Einbau einer Videokamera am Heck mit Monitor im Kampfraum für besseres Manövrieren

Zunächst sollen 225 Leopard 2 A4 einer Kampfwertsteigerung unterzogen werden. Knappe Haushaltmittel zwangen zu dieser Reduzierung, jedoch ist anzunehmen, daß im Laufe der nächsten Jahre weitere Lose vergeben werden.

Fahrschulpanzer LEOPARD 2. Eine vor Jahren durchgeführte Bundeswehrstudie wies nach, daß durch den Einsatz von Fahrschulpanzern und von stationären Simulatoren (in verstärktem Maße) jährlich bis zu 100 Millionen Mark eingespart werden können. Seit 1986 wurden 31 Fahrzeuge von den Firmen Krauss-Maffei und MaK an die Bundeswehr geliefert. Eine aufgesetzte Fahrschulkabine mit Kanonenattrappe und Gewichtsring ermöglichen eine wirklichkeitsnahe Ausbildung. In der Fahrschulkabine finden der Fahrlehrer und zwei Schüler Platz.

Bergepanzer 3 BÜFFEL. Weiterentwickelt auf dem Fahrgestell des KPz LEOPARD 2, erhielt die Bundeswehr 1992 die ersten BÜFFEL. Ausgerüstet ist der BPz mit einem Kran, der bei 1,00 m Ausladung 30 t und bei 2,3 m Ausladung 21 t heben kann. Das Fahrzeug besitzt eine Winde mit 343 kN Zugkraft und 150 m Seil sowie eine Hilfswinde. Eine Schnellbergeeinrichtung am Räumschild erlaubt eine Bergung vom Fahrzeug aus, ohne daß die Besatzung es verlassen muß. Besatzungsstärke 3 Mann, ein vierter Mann kann mitgenommen werden. Der Bergepanzer führt zum Eigenschutz ein FlaMG Kal. 7,62 mm, zwei Panzerfäuste und 2 x 8 Nebelwurfbecher mit. Das Gewicht beträgt 54,5 t. Hersteller sind die Firmen Krauss-Maffei und MaK. Mit dem Bpz 3 ausgestattet sind die PzBtl der KRK und HVK, die den LEOPARD 2 als Hauptwaffensystem nutzen. Bestand 1997: 75 Fahrzeuge.

Als Sonderentwicklung unter den gepanzerten Kettenfahrzeugen gilt der Luftlandepanzer WIESEL. Nachdem die Luftlandetruppe in den Jahren 1974/75 rund 860 sogenannte Kraftkarren (Kraka) der Firma Faun erhalten hatte, entschloß man sich 1977 zur Realisierung eines kleinen gepanzerten Kettenfahrzeuges. Dieses sollte schnell, leicht verlastbar und einen gewissen Schutz der bis dahin voll »auf dem Präsentierteller« sitzenden Besatzung bieten. 1979 wurde das Projekt jedoch aus Kostengründen wieder eingestellt. Die Forderung nach einem Nachfolgemodell für den »Kraka« verstummten jedoch nie, zumal sich bei diesem Verschleißerscheinungen einstellten. So wurde das Projekt 1984 wieder aufgenommen. Die Firma MaK in Kiel baute Prototypen des WIESEL als Waffenträger mit offenem Kampfraum für eine 20-mm-MK oder für die PzAbwRak TOW. 1989 fiel endlich die Entscheidung zur Einführung und Serienfertigung von ca. 350 Fahrzeugen. Jeweils zwei WIESEL finden im Laderaum eines CH-53-Hubschraubers Platz oder lassen sich einzeln als Außenlasten transportieren. Wer einmal Gelegenheit hatte, WIESEL bei einer Luftlandeübung zu beobachten, kann bestätigen wie »wieselflink« diese Fahrzeuge ihre Stellungen beziehen.

Da ein weltweiter Einsatz von deutschen Luftlandekräften im UN-Rahmen seit einigen Jahren nun durchaus möglich ist, müssen diese Truppen die Fähigkeit besitzen, mit entsprechender Ausrüstung sich zeitlich begrenzt zu behaupten und durchzusetzen. Diese Fähigkeit ist derzeit mit dem Waffensystem WIESEL 1 mit TOW oder Flugabwehrkanone MK 20 mm gegeben. Eingesetzt ist der WIESEL bei den Fallschirmjägerbataillonen und den Luftlandepanzerabwehrkompanien.

Der Waffenträger WIESEL 1 ist ein Vollkettenfahrzeug mit selbsttragender Wanne aus Panzerstahlblechen unterschiedlicher Stärken, die der Besatzung Schutz gegen Infanteriemunition und Granatsplitter bieten. Beschafft wurden 343 Waffenträger. 210 Fahrzeuge in der TOW-Version, 133 Fahrzeuge mit 20 mm MK.

Technische Daten	**WIESEL 1 MK 20**	**WIESEL 1 TOW**
Besatzung	2 Mann	3 Mann
Gefechtsgewicht	2,75 t	
Länge des Fahrzeuges	3469 mm	3265 mm
Breite	1820 mm	1820 mm
max. Geschwindigkeit	80 km/h	
Motor/Leistung	VW-5 Zylinder ATL Typ 069 (Audi 100) 64 kW (87 PS)	
Kette	Gliederkette der Fa. Diehl	
Nachtkampffähig	BiV Fahrgerät	
	BiV Brille	
	PERI Z 59	WBG AN/TAS-4
Waffenanlage	BMK 20 mm DM 6 auf Lafette von Rheinmetall Typ E6-II-A1. 1 Mann Fla-Turm der Fa. KUKA, Feuerhöhe 1640 m	PzAbwWa TOW 2, TOW-Abschußanlage US-Produktion, Reichweite 4000 m

Waffenträger WIESEL 1 mit MK 20 mm Rh 202.

Waffenträger WIESEL 1 mit Pz Abw LFK System TOW 2.

Eine Lücke klafft jedoch im Bereich der Führung, beim Nachschub von Munition und bei der Bergung von Verwundeten. Hier meldete die Truppe ihren Bedarf an leicht gepanzerten, luftverlastbaren Fahrzeugen an. Ein Fahrzeug, das diese Lücke schließen könnte, ist das von der Firma MaK SG-Kiel entwickelte Basisfahrzeug WIESEL 2. Das leicht gepanzerte Fahrzeug läßt sich im mittleren Transporthubschrauber CH-53G transportieren. Der WIESEL 2 unterscheidet sich vom Vorgängermodel WIESEL 1 durch nachfolgend aufgeführte Änderungen:

- Ein um eine Laufrolle verlängertes Laufwerk
- Eine in Länge und Höhe vergößerte Wanne gleicher Technologie und Konstruktion
- Einen neuen Antrieb aus der zivilen Pkw-Serienfertigung mit einem Dieselmotor, der die Euro-Abgasnormen erfüllt
- Ein von 3.100 kg auf 3.900 kg angehobenes zulässiges Gesamtgewicht

Nachstehend aufgeführte Varianten sollen ab 1997 für folgende Verwendungszwecke beschafft werden:

- Bewegliche Befehlsstelle
- Sanitätstrupp
- Munitionstransport
- Pioniererkundungstrupp

Für das in Erprobung befindliche »leichte, luftverladbare Flugabwehrsystem (LeFlaSys)« der Heeresflugabwehrtruppe, sind folgende WIESEL-2-Basisfahrzeuge vorgesehen:

- Führungsfahrzeug (FF)
- Unterstützungszelle Flugabwehr (UzFla)
- Aufklärungs-/ Feuerleitfahrzeug (AFF)
- Waffenträger (WT)

Basisfahrzeug WIESEL 2.

9. Sonstige Kettenfahrzeuge

In wenigen Exemplaren ist der Pisten-Bully der Firma Kässbohrer, Typbezeichnung DB 25.170 D, bei der Gebirgstruppe und bei der Erprobungsstelle in Oberjettenberg/Bayern als Trägerfahrzeug für Mannschaftskabine und Pritsche eingesetzt. Das Fahrzeug kann 1200 kg transportieren und dient im Winter als Unterstützungsfahrzeug im Gebirge.

Überschneefahrzeug, Pistenbully der Firma Kässbohrer (Ulm). Nur noch wenige Fahrzeuge in der Ausführung Koffer und Pritsche sind derzeit bei der Gebirgstruppe für den Winterschneedienst im Einsatz. Mit Einführung des schwedischen Überschneefahrzeuges BV 206 D werden die in die Jahre gekommenen Überschneefahrzeuge ausgesondert. Antrieb: 123 kW (168 PS) Dieselmotor, zwei überbreite Ketten.

Mehrzweck-Überschneefahrzeug AMF (BV 206 D). Im Rahmen der Aufstellung von schnellen, mobilen Eingreiftruppen beschaffte die Bundeswehr 130 Fahrzeuge des Typs BV 206 D der schwedischen Firma Hägglunds. Das Fahrzeug ist als knickgelenkter Tandem-Zug ausgelegt. Es besteht aus Zugmaschine und Anhänger, ist schwimmfähig und hat ein extrem breites Kettenfahrwerk. Angetrieben wird es Fahrzeug von einem MB-Turbodiesel 5-Zylinder Motor mit einer Leistung von 92 kW (125 PS). Die Geschwindigkeit beträgt auf der Straße 50 km/h, im Wasser 3 km/h, wobei der Antrieb über die Laufkette erfolgt. Der Fahrbereich beträgt 330 km. Eine extrem hohe Kletterfähigkeit von 45° erlaubt es dem BV 206 D, selbst schwierigstes Gelände zu meistern. Mit dem BV 206 D hat die Bundeswehr ein Fahrzeug zur Verfügung, das bereits viele Armeen einführten und bei diesen einen guten Ruf genießt.
Techn. Daten:

Besatzung	**2 Mann (Fahrer und Beifahrer)**
Nutzlast Zugmaschine	**500 kg oder 5 Soldaten**
Nutzlast Anhänger	**1600 kg oder 11 Soldaten**

Eine Ausrüstungslücke besteht sowohl beim Überschneefahrzeug BV 206 D als auch beim WIESEL 1. Es fehlt noch eine luftverlastbare, leicht gepanzerte Variante für die Verwendungszwecke:

- Gefechtsstand
- Sanitätstrupp
- Kompanietrupp
- Zugtrupp
- Artillerieeinsatzgruppe

Diese Kriterien erfüllt das von der schwedischen Firma Hägglunds entwickelte Transport-Kraftfahrzeug BV 206 S.

Prototyp Transport-Kraftfahrzeug BV 206 S der schwedischen Firma Hägglunds.

Hierbei handelt es sich, wie auch bei seinem Vorgänger BV 206 D, um ein zweigeteiltes Fahrzeug, bestehend aus einem Vorder- und einem Hinterwagen, die über ein Knickgelenk miteinander verbunden sind. Die Lenkung erfolgt insgesamt durch das Knickgelenk.

Die Antriebskomponente wurde aus dem Nutzfahrzeugbereich übernommen. Der tragende Aufbau des BV 206 S besteht aus Panzerstahl, die Türen aus Verbundmaterial und die Scheiben sind aus Panzerglas. Der noch auszuwählende Dieselmotor soll bereits die Euro-Abgasnorm II erfüllen (Einführungszeitraum etwa 1997).

10. Artilleriewaffen

10.1. Rohrwaffen

Zum größten Teil noch aus der Zeit des 2. Weltkriegs stammend, waren alle Kaliber von 105 mm bis 203 mm vertreten. So standen unter anderem die leFH M 101 (105 mm), die mFH M 114 (155 mm) und die sFKan M 115 LONG TOM (155 mm) bei den Batterien.

Lediglich die leGebH 105 mm von Oto-Melara und die modifizierte le. US-FHb M 101 M2A 1 (105 mm) aus dieser Erstgeneration von Rohrwaffen ist bei einigen Truppenteilen noch im Einsatz.

Abhilfe kam erst mit Einführung der hochmodernen Feldhaubitze 155-1 (von 1978-1981), auch als Feldhaubitze FHb 70 (155 mm) bezeichnet, welche aus einer gemeinsamen deutsch-britisch-italienischen Entwicklung hervorging. Dieses Geschütz zeichnet sich durch die Möglichkeit eines schnellen Stellungswechsel (hochklappbare Räder) und Selbstfahreigenschaften (VW-Antriebsmotor) aus.

Die gleiche Typenvielfalt herrschte ursprünglich auch bei der Kettenartillerie. Uralt-Geschütze wie die M7 B2 (Priest) bis hin zu den schweren Geschützen M 44/ M 59/ und M 55 (203 mm) bestimmten das Erscheinungsbild der Bundeswehr-Artillerie in den Anfangsjahren. Modernere Systeme tauchten in den siebziger Jahren auf: Die US-Ausführungen der Panzerhaubitzen M 109 (155 mm), M 107 und M 110, die auf abgeleiteten Fahrgestellen des M 113 aufgebaut waren. In den achtziger Jahren modifizierte man die Feldhaubitze M 109 zur deutschen Version M 109 A3 G (G für Germany) mit verlängertem Rohr, Reichweite 40 km. Die M 107 und M 110 mauserten sich zu M 110 A1 G (203 mm) mit Kampfraumschutz (Wetterschutz) für die Besatzung.

Die Nachfolge dieser – nunmehr seit über 30 Jahren im Einsatz stehenden – Waffen sollte die PzH 70 antreten, eine Gemeinschaftsentwicklung der Bundesrepublik, Großbritannien und den USA. Die Entwicklung wurde jedoch abgebrochen. Ende der achtziger Jahre erschien die Panzerhaubitze 2000, eine rein deutsche Entwicklung.

Zwei Firmen bauten Versuchsträger. Letztendlich fiel die Entscheidung zugunsten des Musters von Wegman + MaK (Kiel). Die Einführung der PzH 2000 ist für das Jahr 1998 vorgesehen. Sie soll nur einen Teil der PzH M 109 A3 G ersetzen, da nicht genügend Haushaltsmittel für größere Stückzahlen zur Verfügung stehen.

Die leichte Feldhaubitze 105 mm (L), Bezeichnung leFH 105 (L) M2/M2 A1 (A2) M 101 ist amerikanischen Ursprungs. 1956 eingeführt, wurde das Geschütz ab 1962 einer Leistungssteigerung unterzogen. Dazu gehörte ein neues Rohr (deutsche Entwicklung), eine Zielzeigereinrichtung, ein neuer Verschluß und eine geänderte Spreizlafette. Die leFH dient der unmittelbaren Feuerunterstützung. Die Höchstschußweite beträgt 14,5 km, bei einer Kadenz von 15 Schuß in der Minute. Im Bestand sind derzeit noch 143 Geschütze. Die Bedienmannschaft besteht aus 9 Kanonieren plus 1 Mann für das Transportfahrzeug. Die leFH wird hauptsächlich zur Beobachterausbildung und als Salutgeschütz genutzt.

Deutsche Abwandlung der Gebirgshaubitze (105 mm) des von der italienischen Firma Oto-Melara hergestellten Modells 56. Mit Mündungsbremse und Rauchabsauger leistungsgesteigert (Rheinmetall), versieht das Geschütz seit 1961 seinen Dienst, derzeit jedoch nur noch bei Luftlandeverbänden in Verbindung mit AMF/Truppenteilen. Das Geschütz ist luftverlastbar, hat eine Schußweite von etwa 10,2 km bei einer Kadenz von 8 Schuß in der Minute und ist auch als Pak einsetzbar. In 11 Teillasten zerlegbar, wird es von 6 bis 9 Soldaten – je nach Einsatzort – bedient. Nur noch geringer Bestand.

Mittlere Feldhaubitze 155-1 mm mit Spreizlafette und mechanisch-hydraulischem Antrieb. Die Ursprünge der britisch-deutsch-italienischen Gemeinschaftsentwicklung reichen bis ins Jahr 1978 zurück.
Zugmittel ist ein Lkw M.A.N 7 t mil, Typ 4520, der auf der Ladefläche links und rechts Staukästen für die Munition mitführt. Die Bedienmannschaft (6 + 1 Mann) findet auf dem Lkw Platz. Beschafft wurden 216 Geschütze. In Feuerstellung wird die Feldhaubitze auf einem Sockel abgeprotzt und die Räder samt Radkasten nach oben geklappt. Die Feldhaubitze kann aus eigener Kraft die Stellung wechseln und benutzt dazu den eingebauten VW 4-Zyl.-Vergasermotor Typ 127-M mit 53 kW (72 PS). Die Höchstgeschwindigkeit mit Hilfsantrieb beträgt 16 km/h.
Hersteller: Fa.-Rheinmetall, Rohr-Kaliber: 155 mm, Rohrlänge: 6,99 m, Gesamtgewicht: 9365 kg, Höchstschußweite: 24 km (mit Spezialgeschossen bis 36 km), Feuergeschwindigkeit: 10 – 11 Schuß/min, Länge in Feuerstellung: 12,43 m, Höhenrichtbereich: 100’ bis 1250’: Seitenrichtwinkel: 500’, Optik: 1 Panzerzielfernrohr für direktes und indirektes Richten

1985 bis 1990 wurde an einer Kampfwertsteigerung der FH 70 gearbeitet, die eine Rohrverlängerung von derzeit 39 auf 46 Kaliberlängen vorsah. Grund waren die neuentwickelten sogenannten BASE-BLEED-Geschosse (Bodensog-reduzierende Geschosse), die eine Reichweitensteigerung auf über 36 km ermöglichen sollten. Die Feldhaubitze erhielt die Bezeichnung FH 70 R. Das Vorhaben wurde jedoch eingestellt.

Am 29. April 1986 wurde die erste von 586 geplanten Panzerhaubitzen M-109 dem Heer übergeben. Die M-109 ist das Standardgeschütz der Brigadeartilleriebataillone und der Beobachtungspanzerartilleriebataillone der Divisions-Artillerieregimenter. Bis zur (abgebildeten) Version PzH M 109 A3 GE wurde das Geschütz mehrfach umgerüstet und kampfwertgesteigert. Von 1964 bis 1975 beschafft, wurden bereits Ende der sechziger Jahre die ersten Änderungen zur M 109 (G) durchgeführt; so eine Erhöhung der Reichweite von 14,7 km auf 18 km, eine Erweiterung der Kadenz von 4 auf 6 Schuß/min und der Einbau einer neuen Zieleinrichtung, von Nebelwurfbechern und neuer Gleisketten. Die 1991 abgeschlossene Kampfwertsteigerung umfaßte die Einrüstung eines neuen, um 2,55 m längeren Rohres von 23 auf 39 Kaliberlängen und die Vergrößerung des Geschoßmagazins für nunmehr 34 Schuß.
Die derzeit geplante LDV-Maßnahme – zusätzliches SEA, Verbesserung der Munitionshandhabung im Kampfraum (neues Magazin, Handhabungshilfe, Ansetzer, neue Staubehälter außen) – läßt ein Ende der Nutzungsdauer noch nicht erkennen.
Besatzung: 6 Mann, Gefechtsgewicht: 25 t, Motor: 8 Zyl.-Dieselmotor/Wassergekühlt mit 298 kW (405 PS), Geschwindigkeit: 56 km/h, Fahrbereich: 350 km, Bewaffnung: Haubitze 155 mm/Typ L/39 von Rheinmetall (Rohr besitzt die Innenbalistik der FH 70), Höchstschußweite: 24,7 km mit »BASE-BLEND-Geschossen« ca. 30 km, Munitionssarten: Spreng-, Nebel-, Leucht- und Sondergeschosse, Kampfbeladung im Magazin 34 Schuß: Zusatzbewaffnung: 1 Fla MG 7,62 mm in Drehlafette, 6 Nebelwurfbecher.

1993 nahm die Bundeswehr ihre letzte kampfwertgesteigerte Haubitze M 110 A2 SF 203 mm aus dem Bestand. Diese Kettenhaubitze ging aus der Version M 110 SF 203 mm und aus der FHb M 107 SF 175 mm hervor. Die seit 1985 an 230 Geschützen durchgeführte Kampfwertsteigerung beinhaltete die Nachrüstung mit Rohren mit Mündungsbremse, mit neuen Doppelblock-Gleisketten der Firma Diehl sowie mit Wetterschutzaufbauten für die Besatzung (hinterer Wannenteil). Weiterhin wurde eine Schutzblende für den Fahrer (Marschfahrt) angebracht. Ein M.A.N 7 t mil gl diente als Begleitfahrzeug für den Transport von Mannschaft und Munition.
Geschützgruppe: 10 + 2 (Kraftfahrer), Gefechtsgewicht: 28,5 t, Motor: 8 Zyl.-Zweitaktmotor mit Tubolader, Motorleistung: 308 kW (420 PS), Geschwindigkeit: 55 km/h, Waffensystem: Haubitze: 203 mm L/37, Länge des Rohres: 8260 mm, Höchstschußweite: 22.900 m, mit RAP 30.000 m (RAP – Reichweitengesteigerte Munition – 30 km), Feuergeschwindigkeit: 1 Schuß/2 Min., Kampfbeladung: 2 Schuß auf dem Geschütz, 28 Schuß auf dem Begleitfahrzeug, Munitionsart: Spreng- und Sondergeschosse, Feuerleitanlage: Daten Ein- und Ausgabegerät (DEA). Durch dieses System war das Geschütz im IFAB-System integriert.

Zur Ausbildung von Fahrern für die Panzerhaubitze M 109 stehen geänderte Fahrschulpanzer zur Verfügung, so daß die Plane zur Abdeckung des Schulraumes (Kampfraumes) der Vergangenheit angehört. Bei der Umgestaltung wurde, wie bei anderen Fahrschulpanzern, auf die bereits bewährte Kabine des Fahrschulpanzer Kpz LEOPARD 1 zurückgegriffen.
An den Bedürfnissen der Panzerhaubitze M 109 orientiert, wurde der Gewichtsring auf 7 t reduziert und eine Rohrattrappe angebaut. Die Beeinflussung der Lenkung, Bremse und Feststellbremse durch den Fahrlehrer ist möglich. Eine Getriebeübersteuerung findet nicht statt. Die Kabine bietet Platz für zwei Schüler und einen Fahrschullehrer.

Im November 1987 fiel der Startschuß zur Entwicklung der neuen Panzerhaubitze 2000, die die PzH M 109 GE ablösen sollte. Die Panzerhaubitze 2000 soll eine bewegliche, rasche Feuerunterstützung mit der Fähigkeit zum schnellen Stellungswechsel gewährleisten. Die Reichweite liegt bei 30 km. Die PzH gewährt den erforderlichen Schutz vor Gegenfeuer und erlaubt den schnellen Feuerschlag durch hohe Kadenz. Die mit der Entwicklung beauftragten Firmen der Nordgruppe (MaK und Wegmann) und der Südgruppe (Krauss-Maffei, KUKA, Porsche, Rheinmetall) entwickelten zwei Laufwerke auf Komponenten des KPz LEOPARD 2 mit sechs, bzw des KPz LEOPARD 1 mit sieben Laufrollen. Die Triebwerksblöcke waren bei beiden Prototypen gleich. Eingebaut wurde je ein MTU Motor Typ 881 mit Getriebe HSWL-284 der Firma Renk. Letztendlich fiel die Entscheidung zugunsten der Nordgruppe. Geplant ist die Einführung ab 1998 in einem 1.Los von 185 Panzerhaubitzen.
Besatzung: 5 Mann, (Fahrer, Geschützführer, Richtkanonier, Ladeschütze 1+2, Motor: V 8-Zylinder 4 Takt-Dieselmotor, Motorleistung: 736 kW (1002 PS), Höchstgeschindigkeit 60 km/h, Fahrbereich 440 km, ABC-Schutzanlage, Automat. Feuerwarn- und Löschanlage, Bewaffnung: 155-mm-Kanone von Rheinmetall, Kadenz: 8 Schuß in der Minute, Schußweite: max. 30 km, mit RAP, BB – 40 km, alle Munitionssorten der NATO können verschossen werden, auch MTLS. Die mit Mehrschlitz-Mündungsbremse und Rauchabsauger ausgestattete Haubitze kann auch im direkten Richten eingesetzt werden.
Die Zeit bis zur Feuereröffnung beträgt 30 sek., Bordvorrat: 60 Schuß im automatischen Lader, 7,62-mm-MG in Turmlafette, Elektronische Ausstattung: Feuerleitrechner, Navigationsanlage, Datenfunk, (Ballistikrechner MICMOS-32 zur Errechnung des Feuerkommandos), schwenkbares Periskop mit Restlichtverstärker und Laserentfernungsmesser eingebaut.
Passiver Schutz: Je vier übereinander angeordnete Nebelwurfbecher. Bei Bedarf können auf dem Dach Reaktivpanzerungselemente als Schutz gegen Bomblets angebracht werden.

10.2. Artillerie-Raketen

In den über vierzig Jahren seit Gründung der Bundeswehr hatte die Artillerie sieben Waffensysteme in Gebrauch, wovon zwei heute noch im Einsatz stehen. Insgesamt handelte es sich um die Boden-Boden-Raketensysteme HONEST JOHN M 6R-1, SERGEANT M 6M 29A, LANCE M 6M S2B (Rad und Kette), MATADOR M 61, PERSHING (Rad und Kette) sowie um die Raketenwerfer LARS und MARS.

Der Raketenwerfer LARS (Leichtes Artillerie Raketen System), zunächst auf Magirus-Jupiter 7 t Fahrgestell mit gepanzerter Kabine, wurde später auf den Lkw der Folgegeneration (M.A.N. 7 t) gesetzt und ist noch im Einsatz.

Seit Mitte der achtziger Jahre bis 1994 lief das hochmoderne Raketensystem (MLRS/MARS) der Artillerietruppe zu. MLRS und LARS gewährleisten die Schlagkraft der Raketenartillerie im Nah- und Fernbereich.

Zusammengefaßt kann gesagt werden, daß sowohl der Rohr- als auch der Raketenartillerie der Bundeswehr hocheffektives Gerät zur Verfügung steht.

Die Bundeswehr erprobte auch Artilleriesysteme der NVA, keines wurde jedoch übernommen. Technik und Munition entsprachen nicht den westlichen Vorstellungen; das heißt, ein gefahrloser Umgang mit Munition und Gerät war nicht gewährleistet.

Raketenwerfer 110 mm auf Selbstfahrlafette 2. Nach zehnjähriger Nutzungsdauer wurde die Firma Wegmann 1981 damit beauftragt, 209 Raketenwerfer 110 mm LARS 1 durch grundlegende Veränderungen auf den Stand LARS 2 zu bringen. In monatlichen Raten von bis zu 18 Fahrzeugen wurde das Waffensystem auf KHD-Jupiter-Fahrgestell mit einem neuen Zwischenrahmen versehen und auf den Lkw M.A.N 7 t mil gl der neuen Fahrzeuggeneration gesetzt. Die gesamte Verkabelung und Eletronik wurde erneuert. LARS 2 besteht aus den Komponenten Raketenwerfer 110 SF 2, Feuerleitgerät FERA und Werkstattausrüstung MES II und III. Derzeitiger Bestand: 80 Fahrzeuge.
Bedienung: 3 Mann, Motorleistungleistung: M.A.N 8-Zyl.-Dieselmotor mit 235 kW (320 PS), Geschwindigkeit: 90 km/h, Waffenanlage: 36 Abschußrohre in zwei Bündeln zu je 18 Rohren.
In Feuerstellung ist der Sitzplatz des Richtkanoniers zur Bedienung der Höhen- und Seitenrichtmaschine hinten zwischen der Werferbatterie.
Feuerfolge: 2 Schuß/sek., Reichweite: 6000 bis 14000 m, Feuerart: Einzelfeuer, Teil- und Vollserie, Rakete: 2,26 m Länge, Kaliber 110 mm, Gewicht 35 kg, Sekundärbewaffnung: 7,62-mm-MG auf Drehringlafette, Optische- und Elektronische Ausstattung: Richtaufsatz 67 Rundblickfernrohr 59, Funkgerätesatz FSE 38/58, Raketenabfeuergerät »REPAG 2« dient als Einstell-, Prüf- und Abfeuergerät

Das Feuerleitgerät Artillerie (FERA) dient als Einschießradar für den Mehrfachraketenwerfer LARS 2: Eine Rakete wird abgefeuert und durch FERA vermessen, dann erfolgt die Korrektur und das Wirkungsschießen. Aufgebaut auf dem Dach, hat die versenkbare Radarantenne einen Durchmesser von 1 m. Die Reichweite beträgt 300 m bis 16 km. Das Radargerät arbeitet im Meter-Band Bereich. Die Kabine ist auf einem Fahrgestell des Lkw 5 t M.A.N mil gl, Typ 4510, mit seitlich ausziehbaren Radkästen zur Vergrößerung der Arbeitsfläche verlastet. In der Kabine befinden sich der Feuerleitrechner, das Ein- und Ausgabegerät sowie ein Stromerzeugeraggregat.

Das mittlere Artillerieraketensystem MARS/ MLRS (Multiple Launch Rocket System) ist ein europäischer Nachbau des US-Mehrfachraketenwerfers auf einem modifizierten Fahrgestell des SPz M 2 BRADLEY. Die Bundeswehr führte es 1990 mit 154 Systemen ein. Weitere 142 Systeme beschafften Großbritannien, Frankreich und Italien. Die Endmontage der deutschen Werfer erfolgte bei Wegmann.

Das System MARS besteht aus der Werferlafette und einem Kettenlaufwerk mit gepanzerter Fahrerkabine. Mit jeder Salve können ca. 8000 (M 42) Bomblets über eine Fläche von sechs Fußballfeldern verteilt werden. Die Raketen befinden sich geladen und abgedichtet in Startcontainern. Sie haben eine Lagerfähigkeit von zehn Jahren.

Das MLRS ist ein hochmobiles, schnellfeuerndes und ungelenktes Mehrfachraketensystem. Durch seine hohe Beweglichkeit sind schnelle Stellungswechsel möglich. Seine Verfügbarkeit ist bei Tag, Nacht und bei jedem Wetter gewährleistet. Eingesetzt wird MARS von den Raketenartilleriebataillonen der Divisionen. Die Möglichkeit der Luftverlastbarkeit des MLRS MARS wurde erfolgreich nachgewiesen. Dies geschieht durch Trennung der Waffenanlage vom Trägerfahrzeug. Die erforderliche Umrüstung von 22 Fahrzeugen für die KRK ist ab 1996 vorgesehen.

Besatzung: 3 Mann, untergebracht in einer Infanterie-beschußsicheren und ABC-geschützten Fahrer- und Bedienkabine, mit abklappbaren Stahlblenden vor den drei Ausblickfenstern.

Motorleistung: 373 kW (508 PS), Geschwindigkeit: 64 km/h, Fahrbereich: 480 km, Gefechtsgewicht: 24,6 t, Waffenanlage: Rohranzahl: 12 (2 Behälter zu 6 Rohren), Feuerfolge: 12 Schuß/50 Sek., als Serie oder Teilserie, Munition: Bombletrakete M-77 (Kaliber 227 mm), Schußweite max.: 32 km, Minenrakete AT-2 (Kaliber 237 mm), Schußweite max.: 39 km.

Das Übungsschießen erfolgt im wesentlichen mit Ausbildungsausstattung und 110-mm-LARS-Raketen.

Optische- und elektronische Ausstattung: Feuerleitrechner, Fahrzeugnavigationsanlage, Peripheriegerät ARES

Zeitgleich zur Einführung des schweren Raketenwerfers MARS lieferte Thyssen-Henschel 1990 vier Fahrschulpanzer an die Artillerietruppe. Anstatt der Werferlafette wurde eine Gewichtsattrappe in Pritschenform, abgedeckt durch eine Plane, auf dem Fahrgestell montiert. An der Kabinenvorderfront wurden die standardmäßigen Stahlblenden abmontiert.

10.3. Artillerie-Aufklärung

Aufklärung ist eine wesentliche Voraussetzung für den Erfolg des Kampfauftrags. Sie muß zu jeder Tages- und Nachtzeit und bei jedem Wetter durchgeführt werden. Deshalb investierte die Bundeswehr hohe Summen in die Entwicklung moderner Aufklärungsmitteln. Sieht man von den anfangs eingesetzten Ortungsmitteln, die eigentlich mehr als Notbehelf galten (wie das US-Schallmeßgerät GR 8 und das Artillerieaufklärungsradar MPQ 10A), einmal ab, so wurden über die Jahre hinweg durchaus brauchbare Systeme entwickelt.

Der Bogen spannt sich von Kleingeräten wie RASIT und RASURA bis hin zum Artillerieradargerät GREEN ARCHER auf Kettenfahrgestell M 113. Dazu gehören auch eine ganze Reihe von Spezialgeräten und Fahrzeugen, wie dem FltPz Art (Rohr) mit Digitalrechner FALKE, das ArtBeobRadar ABRA zur Einmessung feindlicher ArtStellungen und das Einschießgerät FERA (FIELDGUARD) für den Raketenwerfer SF 110 mm (LARS). Die traditionellen Geräte für Schallmeßung, Höhenwind- und Richtkreismessen dürfen dabei nicht außer acht gelassen werden.

In den letzten Jahren neu hinzugekommen sind so moderne Systeme wie ARES (Mobiles Einsatzsystem für die Raketenartillerie), das Gesamtsystem ADLER (Artillerie-, Daten-, Lage- und Einsatz-Rechnerverbund) sowie HEROS (Heeresführungs- Informations-System für die rechnergestützte Operationsführung in Stäben). Äußerlich unscheinbar gleichen die Systeme oftmals schlichten Kabinen, die auf einen Lkw verladen wurden. Ihr Inneres steckt jedoch voller hochmoderner Technik.

Neu hinzukommen wird voraussichtlich bis zum Jahre 2000 das Aufklärungssytem COBRA auf Lkw 15 t mil gl A1 br, das sich derzeit in der Entwicklung befindet.

Nicht vergessen werden darf die weitreichende Aufklärung mit dem Drohnensystem CL 289. Von einem Lkw startend, überfliegt die Drohne das Gelände und liefert fotografische Daten an ein Aufklärungsfahrzeug.

In der Entwicklung – bzw. in der Testphase – befinden sich auch hier neue Systeme, darunter die Drohne DAR oder das sogenannte KZO (Kleinflugzeug zur Zielortung).

Der Aufklärung wird auch in Zukunft höchste Aufmerksamkeit geschenkt werden. Wohl nicht zuletzt deshalb, weil die Bundeswehr die Entwicklung neuer Artilleriesysteme auf der ganzen Welt aufmerksam verfolgt und ihre Schlüsse daraus zieht.

Jede MARS-Batterie begleitet ein Feuerleit-System ARES. Letzteres ist auf einem Lkw 0,9 t Mercedes Benz 250 GD lang untergebracht. Die Zugführerausstattung und die Batterie-Feuerleitstelle (Kabine I FmA) befinden sich auf einem Mercedes Benz U 1300 L. ARES unterstützt die Waffensysteme LARS und MARS.

Lkw M.A.N 4520 mit der Startanlage für die Aufklärungsdrohne CL 289. Die Drohne ist als unbemannter, programmgelenkter und nachteinsatzfähiger Flugkörper mit Aufklärungssensoren ausgestattet. Gestartet wird mit einem Raketenmotorantrieb vom Lkw aus. Ein Strahltriebwerk übernimmt während des Marschfluges den Antrieb, wobei die vorprogrammierte Strecke mit einer Geschwindigkeit von 720 km/h abgeflogen wird. Die Bergung erfolgt kombiniert durch Fallschirm und Luftkissen. Die Aufklärungsdrohne ist für die Gefechtsfeldaufklärung vorgesehen und kann eine Bilddatenübertragung in Echtzeit bis zu einer Tiefe von 75 km durchführen. Bei der CL 289 handelt es sich um eine Weiterentwicklung der CL 89.

Mercedes Benz 1017 A mit Kabine II FmB und Antennenanlage zum Empfang der Drohnensignale. Der Mast wird hydraulisch aufgerichtet.

Höhenwindradar METEOR 300 der Firma Gematronic. Das Gerät (Reichweite ca. 120 km) wird im ATMAS-System der Artillerie eingesetzt und empfängt im Passiv-Mode Signale von einer aufsteigenden Sonde, aus denen auf Höhe und Geschwindigkeit geschlossen werden kann. Aus den Meßwerten werden meteorologische Daten für die Artillerie gewonnen.

Artillerie-Aufklärungs-Radar (AAR) COBRA. Bisher wurde ein Prototyp der deutsch-französisch-britischen Gemeinschaftsentwicklung gebaut. COBRA soll zur weitreichenden Ortung feindlicher Rohr- und Raketenartillerie bei Tag und Nacht sowie bei fast allen Witterungsbedingungen eingesetzt werden. Das auf der Auswertekabine (hinterer Teil) um 180° drehbare, dreidimensionale PHASED-ARRAY-Radargerät arbeitet auf Halbleiterbasis und ist mit Sende- und Empfangsteilen bestückt. Ein eigenes Stromversorgungssystem zwischen Auswerte- und Fahrerkabine macht das System autark. Als Trägerfahrzeug des Systems wird ein Lkw M.A.N 15 t mil gl A1.1 br dienen, der schon bei anderen Waffensystemen Verwendung findet. COBRA kann über sein eingebautes ADLER-Gerät sowohl mit dem Hauptsystem ADLER als auch mit ARES und IFAB Daten austauschen.

11. Flugabwehr

11.1. Fla-Waffen Rohr

In Zeiten, in denen Kampfflugzeuge mit Überschallgeschwindigkeit Angriffe fliegen, ist der Einsatz von Flugabwehrkanonen fraglich geworden. Dies hat auch die Bundeswehr seit langem erkannt. Momentan sieht sie nur ihre rund 420 FlaPz 1 GEPARD mit Zwillingskanone (35 mm) als effektive Rohrwaffe gegen schnellfliegende Kampfflugzeuge an. Ab 1997 sollen an ca. 140 GEPARD-Fahrzeugen LDV-Maßnahmen durchgeführt werden. Diese beinhalten den Einbau eines neuen Digitalrechners für die Feuerleitung, einer Kühlanlage für die Turmbaugruppen sowie die Bestückung mit modernen Datenfunkgeräten. Sie gewährleisten die Anbindung an das HFlaAFüSyS. Für die Zwillingskanone ist die Beschaffung noch leistungsfähigerer Munition vorgesehen.

Die zum Objektschutz von Luftstützpunkten genutzte Rh 202-Zwillingslafette (20 mm) der Luftwaffe auf Einachsanhänger ist nicht mehr im Bestand. Und von der FKan Rh 202 (20 mm) Einzelrohr des Heeres, einsetzbar zur Bekämpfung von Erd- und Luftzielen, sind nur noch wenige Geschütze im Gebrauch.

Wirft man einen Blick zurück, so waren eine ganze Reihe von Fla-Systeme bei der Bundeswehr im Einsatz: Die Vierlingsflak Kaliber 12,7 mm auf Halbkettenfahrzeug M 16 (Erstbestückung 1956), der Flakpanzer M 42 mit Zwillingslafette (40 mm), das gezogene Bofors-Flakgeschütz Typ 40 L 70 (40 mm), der SKYSWEEPER M 51 (75 mm) und das 90-mm-Flakgeschütz M 117. Diese Rohrwaffen gaben – bis auf die Bofors-Kanone L 70 – jedoch nur kurze Gastspiele.

Der Flugabwehrkanonenpanzer GEPARD ist ein gepanzertes Kanonenwaffensystem zur Bekämpfung von Luftfahrzeugen im unteren und mittleren Höhenbereich. Das Fahrzeug erhielt bereits eine Nutzungsdauerverlängerung. Als Chassis fand ein modifiziertes Fahrgestell des Kpz LEOPARD 1 Verwendung. Der FlakPz 1 A2 besitzt ein Allwetter-System mit Rundsuch- und Zielverfolgungsradar sowie IFF und eine Fahrzeugnavigationsanlage. An seinem gepanzertem Turm sind zwei 35-mm-Flugabwehrkanonen in Zwillingslafettierung und ein umklappbares Rundsuch-Radargerät angebaut. An der Vorderfront befindet sich das Zielverfolgungsradar. Der GEPARD wird in der vorderen Kampfzone gegen Luftangriffe und zur Luftaufklärung eingesetzt. Motorleistung: 610 kW (830 PS) Fahrbereich 550 km, max. Geschwindigkeit: 65 km/h, Gefechtsgewicht 47,3 t, Waffenanlage: Kaliber 35 mm, Feuerfolge: 550 Schuß/min je Rohr, Mun.-Arten: PzSprengbrand, Sprengbrand, Treibspiegel

11.2. Fla-Waffen Raketen

Zum Objektschutz für deutsche und amerikanische Luftwaffenstützpunkte und zur Unterstützung der Flugabwehr von Panzerverbänden wurden ab 1981 140 Systeme ROLAND 1 auf Panzerfahrgestell MARDER eingeführt.

Luftwaffe und Marine erhielten ab 1987 115 Systeme des FlaRakRad 1 ROLAND auf M.A.N 15 t mil gl A1 Br. Auf den Fahrzeugen befindet sich ein Zwillingsstartgerät, von dem die Flugkörper abgefeuert werden. Ein aufrichtbares Radargerät zur Flugobjektortung auf dem Zwillingsstarter wird wie das Gesamtsystem von einem eigenen Stromerzeugungsaggregat betrieben.

Der Flugabwehrraketenpanzer 1 ROLAND ist ein allwetterfähiges Lenkflugkörpersystem auf einem modifizierten Fahrgestell des SPz MARDER. Am Turm sind zwei schwenkbar gelagerte Werferarme, ein Feuerleitradar und ein aufrichtbares Rundsuchradar angebracht. In Marschstellung werden alle Systeme nach unten geklappt. In der Wanne befinden sich zwei Magazine mit Raketen zum Nachladen des Werfers. Der FlaRakPz 1 ROLAND ist als autonome Allwetter-Flugabwehr-Raketenwaffe ausgelegt.
Fahrgestell des MARDER: 6920 mm lang, 3240 mm breit und 4310 mm hoch mit ausgefahrener Antenne, Motorleistung: 441 kW (600 PS), Fahrbereich 600 km, Leistungsangaben der Waffenanlage wie FlaRakFzg 1 ROLAND

Der Flugabwehrgefechtsstand (FGR) dient zur Kampfführung der zum Objektschutz eingesetzten Radsysteme ROLAND. Der FGR erfaßt Ziele im unteren- und mittleren Höhenbereich in bis zu 60 km Entfernung. Er ist auf einem M.A.N Lkw 15 t mil gl A1 br verlastet und kann von drei Soldaten in 15 Minuten auf- und abgebaut werden. Das ROLAND-Radsystem stellt den deutschen Beitrag zum ROLAND/PATRIOT-Abkommen zur Verbesserung der Luftverteidigung im Kommandobereich Europa Mitte dar. Die Bundesrepublik Deutschland verpflichtete sich, den Schutz von Flugplätzen der Luftwaffe, der Marine und der U.S. Air-Force mit ROLAND zu übernehmen.

Das Flugabwehrraketenradfahrzeug 1 ROLAND ist ein allwetterfähiges Luftverteidigungssystem, aufgebaut auf den M.A.N Lkw 15 t mil gl A1 br. Der Kampfraum mit angesetztem Energieversorgungsteil und integrierter Waffenanlage läßt sich mittels Hub- und Abstützeinrichtung absetzen. Auf der Kampfraumkabine sitzt eine Werfereinheit mit horizontal um 360° schwenkbarem Drehturm und je einem LFK an einer vertikal beweglichen Starteinrichtung. An beiden Seiten befindet sich ein Revolvermagazin mit je vier Lenkflugkörpern. Das Nachladen der Waffenanlage erfolgt automatisch. Am Drehturm, zwischen der Starteinrichtung, befindet sich in der vorderen Position das Folgeradar und darüber das aufrichtbare Rundsuchradar.
Besonderheit: Integrierte IFF-Anlage, Kampfraum mit ABC-Schutzanlage.
Techn. Daten: Motorleistung: 265 kW (360 PS), Fahrbereich: 800 km, Geschwindigkeit: 80 km/h, Gefechtsgewicht: 27.000 kg, Lenkflugkörper: Schußweite 6000 m, max. 8000 m bei entsprechendem LFK, Flughöhe: 6000 m, Erfassungsbereich des Such-/Folgeradars: bis 16.000 m, Steuerung: Rechnergestützte Funkkommandolenkung, Zünder: Annäherungs/Aufschlagzünder, Munitionsvorrat: 2 LFK in Starteinrichtung und 8 LFK im Magazin, Nachladezeit: 10 sek.

Für die Ausbildung der Kraftfahrer des FlaRakFzg 1 ROLAND besitzt jede ROLAND-Batterie einen M.A.N Lkw 15 t mil gl A1 br mit Sonderkoffer als »Gewichtssimulator«. Der Sonderkoffer kann jederzeit mit Hubwerkzeugen vom Fahrzeug gehoben werden. Gewichtsmäßig entspricht der Aufbau einer Feuereinheit ROLAND bzw. einem TRM-L (FGS) Radar.

Die luftverladbare Variante des Luftabwehrraketenradfahrzeuges ROLAND 1 für die KRK heißt CAROLA und ist auf M.A.N Lkw 7 t mil gl A1.1 verlastet.

11.2.1. HAWK

1958/59 begann die Bundeswehr mit der Aufstellung von FlaRak-Verbänden. Durch Übernahme von Material bestehender Einheiten der U.S. Army (die Raketen trugen noch U.S.-Hoheitsabzeichen), wurde die Luftabwehr zunächst mit dem System NIKE-AJAX ausgestattet. Die Rakete war für die Bekämpfung von Zielen in mittleren bis großen Höhen ausgelegt. Zunächst wurden sechs FlaRak-Bataillone mit vier einsatzbereiten Batterien aufgestellt. Ab 1960 folgten weitere, aber jetzt mit der stärkeren NIKE-HERCULES ausgestatteten Batterien. Am Tage des Auflösungsbefehls verfügte die Luftwaffe über insgesamt 24 Batterien. Die Einsatzreichweite der NIKE-HERCULES Flugabwehrrakete betrug rund 185 km, wobei der Sprengkopf auch atomar bestückt werden konnte. Inzwischen sind alle Einheiten aufgelöst und das Material entweder verschrottet oder im Rahmen der Waffenhilfe an NATO-Partner abgegeben worden.

Für die Flugabwehr im unteren bis mittleren Höhenbereich wurde ab 1964 das U.S.-System HAWK eingeführt. Dieses System ist im Gegensatz zur NIKE voll beweglich und steht noch immer im Einsatz. Die Einzelsysteme sind entweder auf Anhänger oder in verlastbaren Kabinen untergebracht. Die Flugkörper, auf Drillingsstartern montiert, werden semi-aktiv ins Ziel gelenkt.

In Staffeln über das gesamte Bundesgebiet verteilt, eine im Osten der Bundesrepublik, versieht das System HAWK nach wie vor seinen Dienst.

Derzeit laufen Gespräche mit den USA, Frankreich und Italien über ein Nachfolgesystem. Das TLVS benannte System soll in der Lage sein, im unteren bis mittleren Luftverteidigungsbereich und im Zusammenwirken mit PATRIOT einen nur sehr schwer zu überwindenden Abwehrgürtel zu bilden. TLVS soll aus Containern senkrecht abgefeuert und nach dem Prinzip »fire and forget« sein Ziel selbstsuchend finden. TLVS ist jedoch noch Zukunftmusik und existiert derzeit nur auf dem Reißbrett oder als Modell.

Lenkflugkörperwaffensystem Improved HAWK

Mittlerweile fast 35 Jahre im Einsatz, erfüllt das Flugabwehr-Raketensystem HAWK noch immer seine Aufgaben. Im Rahmen der zweiten Kampfwertsteigerung von 1981-1983, bei der sowohl das Radargerät PAR AN-MPQ-501 XD als auch das Dauerstrich-Erfassungsgerät CWAR (AN-TPQ 30-15) und die Auswertezentrale ICC M-390 durch diverse Einrüstungen modernisiert wurden, erhoffte man sich eine Einsatzverlängerung bis über das Jahr 2000 hinaus. Dieser Termin wird wohl überschritten werden, da sich ein neues Taktisches-Luftverteidigungs-System (TLVS) erst in der Entwicklung befindet. Das FlaRak-Waffensystem HAWK ist ein allwetterfähiges Lenkflugkörpersystem zur Bekämpfung feindlicher Flugziele in niedrigen und mittleren Höhen. Das System ist im Luftverteidigungs-Verbund Zentral-Europa integriert. Der Einsatz kann aus Feldstellungen oder aus ausgebauten Stellungen erfolgen.

Nachfolgend werden die wichtigsten Komponenten des System Improved-HAWK dargestellt.

Technische Daten Lenkflugkörper HAWK

Abmessungen:	
Techn. Daten	
Länge	5,03 m
Durchmesser	0,36 m
Lenkung	halbaktive Zielsuchlenkung
Gefechtskopf	konventionel
Zünder	Annäherungszünder, Selbstzerleger
Gewichte	635 kg/FK
Antriebsanlage	Einkammer-Zweistufen-Feststofftriebwerk
Leistungsdaten:	
Geschwindigkeit/max	3,0 Mach
Reichweite/max	42 km
Höhe/max	18-20 km

Feuerleitanlage und Gefechtsstand S 280 (Battery Control Central, BBC) einer Batterie. Eingerichtet in einem US-Shelter, wird der Koffer auf dem Mercedes-Benz Lkw Typ 1017 A 5 t tmil transportiert. Er läßt sich jedoch auch abgesetzt nutzen. Eine sogenannte Air-Condition-Anlage am rückwärtigen Teil verringert die Temperatur im Container, die durch Wärmeabstrahlung der Elektronik schnell in die Höhe klettert.

Rechnergesteuerte Lage- und Auswertezentrale M-390-C/17/17G (Information Coordination Central, ICC) mit IFF-Abfragegerät auf Einachsanhänger.

Dauerstrich-Erfassungsradar AN TPQ 30-15 (Continuous Wave Acquisition, CWAR) mit einer Reichweite von ca. 65 km. Das Radar dient zur Zielerfassung in unteren bis mittleren Höhenbereichen; des weiteren zur Ermittlung der Annäherungsgeschwindigkeit von Lenkflugkörpern und zur Grobentfernungsmessung von Zielobjekten.

Zielverfolgungsradar AN-MPQ 33 (High Powered Illuminator Radar, HPIR). Das Radar hat eine Reichweite von ca. 110 km und wird zur Verfolgung und Beleuchtung von Zielen eingesetzt. Das Radar liefert die Daten für die Zielgeschwindigkeit, die Zielhöhe und die Entfernung zum Ziel der BCC, der ICC und Zielrichtkommandos an die Startgeräte und LFK.

Das Impuls-Erfassungsradar AN/MPQ-50 (Pulse Acquisition Radar, PAR) auf Einachsanhänger hat eine Reichweite von ca. 110 km. Die Antenne wird in Marschlage abgebaut und gesondert auf einer Palette vom Zugfahrzeug befördert. Zu seinen Aufgaben gehört die Überwachung des Luftraumes in mittleren bis großen Höhen und die Entfernungsmessung zu Flugzielen.

Dreifachstartgerät M 192 (Launcher/LCHR) zum direkten Anrichten des vorausberechneten Treffpunktes. Je drei Startgeräte bilden eine Abschußgruppe.

Ladefahrzeug L 4 (Loader). Drei LFK können gleichzeitig vom Transportanhänger auf das LCHR umgeladen werden.

11.2.2. PATRIOT

Die Hauptlast der deutschen Luftverteidigung trägt das seit Juni 1989 (1.Los) bis 1994 eingeführte Waffensystem PATRIOT. Die 36 Staffeln sind über das gesamte Bundesgebiet verteilt. Voll beweglich, kann das System PATRIOT nach einem Kampfeinsatz die Stellung in kürzester Zeit wechseln. Das System ist in Abweichung zur U.S. Version einer sogenannten Germanisierung unterzogen worden: Werfer und Radar sind nicht auf Sattelauflieger montiert und das sogenannte Beistellgerät ist, wie der Richtfunkmast, eine rein deutsche Entwicklung.

Nach der neuen Luftwaffenstruktur wurden die PATRIOT- und HAWK- Staffeln in gemischten Verbänden aufgestellt. Bemerkenswert ist dabei, daß einige Systeme ROLAND und PATRIOT Eigentum der US Army, bzw. der US Air Force sind. Die Systeme werden aber von deutschem Luftwaffenpersonal gewartet und bedient.

Flugabwehrraketensystem GE PATRIOT

Das Waffensystem PATRIOT ist ein Flugabwehrsystem zur Bekämpfung von Flugzielen in niedrigen bis sehr großen Höhen, das ausschließlich für den konventionellen Einsatz (Boden/Luft) ausgelegt ist. Es ersetzte das Flugabwehrraketensystem NIKE-HERCULES. Das Waffensystem ist hochmobil, allwetterfähig und für die gleichzeitige Bekämpfung mehrerer Ziele geeignet.

Eine PATRIOT-Batterie umfaßt ca. 90 Soldaten mit insgesamt 21 Fahrzeugen. Acht Werfer, ein Radarfahrzeug, ein Gefechtsstandfahrzeug, ein Stromerzeugungsfahrzeug, ein Antennenmastfahrzeug AMA, eine Richtfunkkabine, ein Führungswagen, drei Logistikfahrzeuge und vier Lenkflugkörper-Transportfahrzeuge mit Anhänger bilden eine Batterie.

Die von der Luftwaffe betriebenen PATRIOT-Einheiten sind in sechs Gruppen gegliedert, von denen jede aus einem Stab, einer Stabsstaffel, sechs Flugabwehrraketenstaffeln und einer Versorgungsstaffel besteht.

Die geforderte bedrohungsorientierte Modernisierung der NATO-Luftverteidigung hat mit Einführung des Waffensystems PATRIOT einen großen Schritt vorwärts getan.

Die mobile Startstation (LS) der Feuereinheit PATRIOT dient zum Transport, Ausrichten und Abfeuern der Lenkflugkörper. Die kompakt verlastete Startstation wird mit einem Lkw, Typ M.A.N 15 t mil gl A1 br (8x8), in Stellung gebracht. Dort wird der Werfer von der Feuerleitanlage (ECS) vollautomatisch gesteuert. Ein bordeigener Generator erzeugt die benötigte Energie. Die Abschußlafette, auf der sich vier Lenkflugkörper in Kanistern befinden, wird von einem Systemrahmen getragen. Das Nachladen erfolgt durch Austausch der Startbehälter mit Hilfe eines LFK-Transportfahrzeuges.

– Durchmesser:	0,41 m	
– Lenkung:	Anfangs-/Hauptflug: Kommandolenkung	Endflugphase: Track via Missile (TVM)
– Gefechtskopf:	konventionell, ca. 95 kg	
– Zünder:	Annäherungszünder	
– Gewicht:	907 kg	

Leistungsdaten:
Geschwindigkeit/max.: ca. 6 Mach, Reichweite: bis 170 km (instrumentiert), Höhe: bis 30.000 m
Die Startstation ist autark und in der Feuerstellung unbemannt. Die Besatzung besteht aus zwei Mann.
Techn. Daten: Motor KHD, BF 8L 513 C, Zylinderzahl/Anordnung 8-Zylinder als V im Winkel von 90°, Nutzleistung 265 kW (360 PS). Der Dieselmotor arbeitet im Viertaktverfahren mit Direkteinspritzung, Abgasturboladern und Ladeluftkühlung. Radstand 1930+3570+1500 mm, Steigfähigkeit 60%, Wattiefe 1200 mm, Höchstgeschwindigkeit 90 km/h, Fahrbereich 800 km. Die Startlafette hat einen unveränderlichen Anstellwinkel von 38°, der Seitenrichtbereich beträgt ± 360°. Die Transport-, Lager- und Startbehälter sind eine Einheit und praktisch wartungsfrei.

Die Feuerleitanlage (ECS) auf M.A.N Lkw 7 t mil gl A1 ist die rechnergestützte Einsatzzentrale des Waffensystems PATRIOT. Zu den wesentlichsten Aufgaben des Waffensystemrechners gehören die Luftraumüberwachung, die Zielverfolgung und IFF-Abfrage, die Weitergabe der Bedrohungsmeldung der erfaßten Ziele, die synthetische Darstellung der Luft- und Gefechtslage sowie der Datenaustausch zur Kampfführungsanlage ICC. Diese gewährleistet die Funktionsbereitschaft der gesamten Feuereinheit, übernimmt die Auswahl der Lenkflugkörper und berechnet ihre Flugbahnen. An die Feuereinheit werden in der Regel acht Starter (LS) angeschlossen.

Ohne Abbildung: Kampfführungsanlage (ICC), rechnergestützte zentrale Einsatz- und Befehlszentrale einer PATRIOT-Gruppe. Sie ist im wesentlichen baugleich mit der Feuerleitanlage ECS und wird wie diese auf einem M.A.N Lkw 7 t mil gl A1, 6x6, eingesetzt.

Techn. Daten: Motor KHD, BF 8L 513 C, Zylinderzahl/Anordnung 8 Zylinder als V im Winkel von 90°, Nutzleistung 265 kW (360 PS). Der Dieselmotor arbeitet im Viertaktverfahren mit Direkteinspritzung, Abgasturboladern und Ladeluftkühlung. Radstand 4250+1500 mm, Ladefläche 6200x2440 mm, Steigfähigkeit 60%, Wattiefe 1200 mm, Höchstgeschwindigkeit 90 km/h, Fahrbereich 800 km.

Feuerleitanlage (ECS) auf Lkw M 927 WO/W der Allison General Corporation (USA).
Das Fahrzeug ist an der Raketenschule der Luftwaffe in Rowing Sand (USA) stationiert.

Das Multifunktionsradargerät (RS) dient der Zielsuche, Zielerfassung und Zielverfolgung von eigenen und feindlichen Flugkörpern. Es verfügt über eine Freund-Feind-Erkennung und über einen Schutz gegen elektronische Gegenmaßnahmen. Die gewonnenen Information werden an die Feuerleitanlage ECS übertragen. Die Radaranlage ist im Einsatz unbemannt und wird vollautomatisch durch die Feuerleitanlage ECS gesteuert. Die Antenne steht aufgerichtet in einem Winkel von 67,5° und wird durch Drehung der Kabine in die Hauptkampfrichtung gestellt. In Marschstellung ist wird die Antenne auf dem Kabinendach abgeklappt. Als Trägerfahrzeug wird der M.A.N Lkw 15 t mil gl A1 br (8x8) eingesetzt. Die Radarkabine sitzt dabei auf einem Zwischenrahmen, der weitgehend jenem der Startstation LS entspricht. Das Einsatzgewicht beträgt 26 860 kg. Das Einsatzreichweite liegt zwischen 3 km und 170 km, je nach Einsatzart. Das Radargerät RS und die Feuerleitanlage ECS werden durch die Stromversorgungsanlage EPP, 2x 150 kW Energie, versorgt.

Der Führungswagen (FüWa), eingerüstet in die Fernmeldekabine Fm II B, ist der Arbeitsplatz des Führungspersonals der Fla-Rak-Gruppe. Vom FüWa aus läßt sich über die Funkgerätesätze SEM 80/90 die taktische Funkfrequenz des Geschwaders nutzen. Für die weiteren Varianten FüWa Eins Geschw, FüWa Staffel, FüWa AMS und FüWa TPK werden die gleiche Kabine und das gleiche Transportfahrzeug (M.A.N Lkw 5 t mil gl A1, 4x4) benutzt.
Techn. Daten: Motor KHD, F 8L 513, Zylinderzahl/Anordnung 8 Zylinder als V im Winkel von 90°, Nutzleistung 177 kW (240 PS). Der Dieselmotor arbeitet im Viertaktverfahren mit Direkteinspritzung. Radstand 4500 mm, Ladefläche 5100x2440 mm, Steigfähigkeit 60%, Wattiefe 1200 mm, Höchstgeschwindigkeit 90 km/h, Fahrbereich 800 km.

Die Richtfunkanlage (RifuA) ist als RifuA Typ 1 und RifuA Typ 2 wesentliches Teil des PATRIOT-Systems. Sie wird in den Fernmeldekabinen des Typ Fm II B eingerichtet und auf den M.A.N Lkw 5 t mil gl A1 verlastet. Die RifuA Typ 1 kann als ausgelagerter Fernmeldeteil des ECS und ICC angesehen werden. Die RifuA Typ 2 wird als Relaisstation eines Netzknotens eingesetzt.

Die Antennenmastanlage AMA ist eine Komponente der Fernmeldeverbindung zwischen den Feuerleitständen ECS und der Kampfführungsanlage ICC sowie zum Führungs-Fernmeldenetz der Luftwaffe und anderen Systemen. Als Trägerfahrzeug dient der M.A.N Lkw 7 t mil gl A1, auf dem der von Dornier entwickelte Antennenmast aufgebaut ist. Der Antennenmast besteht im wesentlichen aus dem Teleskopmast und dem Antennenstandrohr mit vier ausrichtbaren Parabolantennen. Der Auf- und Abbau kann durch zwei Soldaten in wenigen Minuten erfolgen. Mit einer Fernbedienung wird die Hydraulikabstützung nivelliert, der Mast aufgerichtet und ausgefahren. Bis zu 34 m läßt sich der Mast stufenlos ausfahren. Er gewährleistet selbst bei einer Windgeschwindigkeit von 140 km/h noch einwandfreie Richtfunkverbindungen.

Die mobile Stromversorgungsanlage des Waffensystems PATRIOT, Bezeichnung SVA-EPP, versorgt das Multifunktionsradargerät RS und die Feuerleitanlage ECS mit elektrischer Energie. Das SVA-EPP besteht aus zwei Stromversorgungsaggregaten 150 kW, einem Schaltschrank, schwenkbaren Kabeltrommeln für die Stromversorgung zum RS und einer Kabeltrommel mit Steuerleitung und Stromversorgung zum ECS. Die SVA-EPP ist verlastet und kann auch abgesetzt betrieben werden. Basisfahrzeug für die Stromversorgungsanlage ist ein M.A.N Lkw 7 t mil gl A1.
a) Die Stromversorgungsanlage SVA-30 kW (nicht abgebildet) dient der Stromversorgung des Führungswagen, der Instandsetzungs- und Ersatzteileinheit und ist auf einem 4-Rad Anhänger der Folgegeneration aufgebaut, jedoch nur mit einem Aggregat.
b) Die beiden Aggregate (je 30 kW) der Stromversorgungsanlage SVA-EPU (nicht abgebildet) zur Stromversorgung des ICC sind auf einem 4-Rad-Anhänger der Folgegeneration verlastet. Auf einen Palettenrahmen montiert, liefern sie Drehstrom, der über einen Schaltschrank und zwei Federkabeltrommeln an den Gefechtsstand abgegeben wird.

Die Stromversorgungsanlage SVA-15 kW ist auf einem 2-Rad-Anhänger 1,5 t aufgebaut. Das gleiche Aggregat ist auch auf der Startlafette montiert. Die beiden Hauptgruppen des SVA bestehen aus dem Aggregat und einem Netzteil auf Palettenrahmen. Ein 30 m langes Stromkabel auf einer Federtrommel vervollständigt die Ausrüstung.

Transportfahrzeug für PATRIOT-LFK, Typ M.A.N 15 t mil gl A1, mit am Heck angebautem Hydraulikkran der Firma Atlas-Weyhausen (2,5 t). Das Fahrzeug wird zusammen mit dem Dreiachsanhänger (10 t) für den Transport von insgesamt acht LFK-Container eingesetzt.

Ähnlich dem ROLAND-System verwenden PATRIOT-Einheiten für ihre Fahrschulfahrzeuge einen Gewichtssimulator mit dem Gewicht des Werfer- oder Radarfahrzeuges. Der Gewichtssimulator läßt sich mittels Hebewerkzeug vom Fahrzeug abnehmen. Basisfahrzeug ist der M.A.N Typ 15 t mil gl A1 br.

11.2.3. SA-5

In den Jahren 1984 und 1986 stellte die NVA zwei Waffensysteme WEGA S 200 (NATO-Bezeichnung SA 5 GAMMON) in Prangendorf und Badingen in Dienst. Diese Systeme wurden am 1. Oktober 1991 von den neu aufgestellten FlaRakG 51 (Sanitz/Prangendorf) und FlaRakG 52 (Ladeburg/Badingen) übernommen. Die Nutzungsdauer sollte mit Ablauf 1992 enden. Tatsächlich war sie jedoch bei der FlaRakG 51 im April 1992 und bei der FlaRakG 52 im September 1992 beendet.

Die SA 5 Flugabwehrrakete war besonders für extreme Höhen konzipiert und wurde aus ausgebauten Bunkerstellungen vollautomatisch, einschließlich des Ladevorganges, betrieben. Alle dazu gehörenden Systeme waren mobil, jedoch bedurfte es eines großen Aufwandes, eine neue Stellung zu beziehen. Die Rakete hatte eine Reichweite von 175 km bis 420 km.

Alle übrigen Systeme der DDR-Luftverteidigung wurden demontiert und verschrottet.

Flugabwehr-Raketen-System S 200 WÄ, (SA-5 GAMMON). Als einziges Fla-Raketen-System aus NVA-Beständen übernahm die Bundeswehr für kurze Zeit den Fla-Raketen-Komplex S 200 WÄ WEGA, NATO-Bezeichnung SA-5 GAMMON. Die Rakete (5W28E) war zur Luftverteidigung gegen Flugzeuge oder Flugkörper in großen Höhen vorgesehen. Die Abbildung zeigt eine Rakete auf einem Startwagen 5W28E vor der Startrampe 5P72W (Ladevorgang).
Länge der Rakete: 10.760 mm
Flüssigkeitstriebwerk mit zusätzlichen vier Feststoff-Boostern zur Startbeschleunigung.
Einsatzreichweite: 0,3 – 280 km (Boden-Boden-Einsatz)
Höhenreichweite: 0,3 – 35 km (Boden-Lufteinsatz)
Einsatzunterstützungsgeräte:
Pro Stellung sechs Startrampen mit jeweils zwei vollautomatischen Lademaschinen in Bunkerstellungen

Als Zugmaschinen für den Sattelanhänger MAZ 938 zum Raketentransport waren der URAL 4420, der KRAZ 255 B1 oder der KRAZ 260 W vorgesehen. Im Bild eine SzgM KRAZ 260 W.

12. Gerät und Anhänger

12.1. Pionier- und sonstiges Gerät

Die Wiedervereinigung Deutschlands, der Teilabzug der Alliierten und die massive Truppenreduzierung bei der Bundeswehr hatte zur Folge, daß ein um 108.180 km^2 gewachsenes Territorium mit weniger Truppen verteidigt werden muß. Daß dabei der Pioniertruppe ein hoher Stellenwert zukommt,versteht sich bei den geographischen Gegebenheiten der Bundesrepublik Deutschland mit ihren zahlreichen Flüssen und Mittelgebirgen von selbst. Da das Straßensystem als hervorragend ausgebaut gilt, fielen im Laufe der Jahre spezielle Abteilungen der Pioniertruppe, u.a. die Eisenbahnpioniere, dem Rotstift zum Opfer. Das Gerät wurde ausgesondert und die Spezialtruppenteile aufgelöst.

Der Auftrag der Pioniere, mit Kriegsbrückengerät und anderen Hilfsmitteln die Kampftruppen abseits ausgebauter Verkehrswege zu unterstützen, genießt daher die höchste Prioritätebot. Das derzeit zur Verfügung stehende Gerät gibt der Pioniertruppe die Mittel in die Hand, ihren Auftrag zu erfüllen.

Die Pioniere verfügen unter anderem über die Panzer-Schnellbrücke BIBER,

das Faltschwimm-Brückengerät (FSB), auch »Ribbon-Bridge« genannt,

das Festbrückengerät MGB (Medium Girder Bridge) und, aus den Anfangstagen der Bundeswehr, das Hohlplatten-Brückengerät. Letzteres dient jedoch nur noch als Reserve.

Die modernen Jet-Schubboote vom Typ M 3 mit minimalem Tiefgang erleichtern den Pionieren ihre Arbeit beim Brückenschlag. Eine Vielzahl von Neuentwicklungen auf dem Brückenbausektor stehen in Erprobung oder kurz vor der Einführung. Dabei handelt es sich um das Faltfestbrückengerät (FFB) der Firma Dornier (Serienhersteller ist die Fa. EUROBRIDGE), die Panzerschnellbrücke auf LEOPARD-2-Basis und die luftverlastbare Brücke für Luftlandeeinheiten, um nur einige zu nennen.

Moderne Mehrzweckraupen auf Kette und Radlader verschiedener Firmen stehen für unterstützende Arbeiten zur Verfügung. Ein hoher Stellenwert kommt den Luftwaffenpionieren mit ihren Spezialfahrzeugen und Geräten zu, die zu jeder Tages- und Nachtzeit imstande sein müssen, beschädigte Rollbahnen zu reparieren. Straßenschachtfertiger (Brunnenbohrgerät), Spezialfahrzeuge und Anhänger der Pipeline-Pioniere ergänzen das Spektrum. Der Einsatz der Bundeswehr in Somalia hat aber gezeigt, daß die Pioniere weiteres Gerät benötigen, das vor allem kompakt und luftverlastbar sein muß.

Bei den Amphibienfahrzeugen (derzeit die Fähre M 2) zeichnet sich ein Generationswechsel ab, der mit der neuen M-3-Brückenfähre von EWK-Kaiserslautern, entwickelt als deutsch-britisches Gemeinschaftsprojekt, seinen Abschluß findet.

Ein ganz besonderes Fahrzeug der Pioniere ist der Pionierpanzer DACHS mit Teleskop-Baggerschaufel, eine eigene deutsche Entwicklung. Der DACHS wird zum Abtragen steiler Uferböschungen oder zum Ausheben von Gräben eingesetzt. Diese Arbeiten sind auch dann noch möglich, wenn der PiPz DACHS bis zum Rand des Tauchschachtes im Wasser steht.

Eine Vielzahl anderer Spezialfahrzeuge stehen den Pionieren zusätzlich zur Verfügung, etwa der Minenwerfer SKORPION, das Straßenplattenverlegesystem auf M.A.N Lkw glw A1 15 t, verschiedene Feldarbeitsgeräte, Kräne und Diesellokomotiven.

Nach Sichtung und Erprobung von Pioniergerät der ehemaligen NVA, die damit in großem Umfang ausgestattet war, zeichnete sich 1990/91 noch ein Bedarf, beziehungsweise eine Übernahme von Grabenbaggern, Erdhobeln, Brückengerät und Vibrationswalzen ab. Letztendlich übernahm man jedoch nur einige Tarnmittel, darunter aufblasbare Brücken; einige Bagger, Erdhobel und Straßenwalzen. Letztere wurden auch in Somalia eingesetzt.

Der Pioniertruppe dürfte in Anbetracht der auf die Bundeswehr zukommenden UN-Einsätze künftig eine noch höhere Bedeutung zukommen. Es gilt bei zukünftigen Einsätzen, mit geeignetem und modernen Gerät den Weg für die nachfolgenden Truppen vorzubereiten.

Die Medium-Girder-Bridge (MGB) von Roby Owen (GB) wurde ab 1971 beschafft. Die Brücke kann bei einer Spannweite von 30 m eine Nutzlast von 60 t tragen. 24 Soldaten benötigen bei Tag eine Stunde für den Aufbau. Verlastet wird das System auf einen Lkw M.A.N 7 t der Folgegeneration.

Das Faltstraßenverlegesystem, verlastet auf das Fahrgestell eines Lkw M.A.N 15 t, Kat 1 A1 glW (30.360 VFAEG), wurde von Krauss-Maffei entwickelt und ab 1988 von der Firma Linke-Hoffmann-Busch gebaut. Der Mattensatz wird zur Verbesserung der Bodeneigenschaften auf Zu- und Abfahrten im Uferbereich, zur Instandsetzung und Verstärkung vorhandener Straßen, zum Bau von Umgehungen und zum Herrichten von Durchfahrtsstellen genutzt.

Der M.A.N-Brückentransporter Typ 4550, 7 t mil gl, kann sowohl mit dem M-Boot 3 der Firma Schottelwerft (oben) als auch mit der Faltschwimmbrücke RIBBON-BRIDGE der EWK-Kaiserslautern beladen werden.

Als Trägerfahrzeug für die von 1996 - 1999 zu beschaffende Faltfestbrücke (FFB) wurde der M.A.N Lkw 15 t, mil glW, 8x8, Kat 1 A 1.1 ausgewählt. Je Satz Faltfestbrücke (Brückenlänge 40 m) werden 7 Lkw benötigt (2 Brückenverlegefahrzeuge, 5 Brückentransportfahrzeuge). Die Serienaufträge für Brücke und Trägerfahrzeug gehen an EUROBRIDGE und M.A.N.

Die von Dornier gelieferte Faltfestbrücke (FFB), hier als Versuchsmuster, verlastet auf Lkw Mercedes Benz, Typ 3326. Die Fahrzeuge wurden der Bundeswehr leihweise zur Verfügung gestellt.

Y-900 156
Y-906 467

1967 wurde das erste Amphibienfahrzeug M 2 der EWK-Kaiserslautern an die Pioniertruppe ausgeliefert. Das amphibische Brücken- und Übersetzfahrzeug wird zum Bau von Übersetzfähren und Schwimmbrücken eingesetzt. Ein Teil der Fahrzeuge wurde ab 1994 über die VEBEG verkauft.
Techn. Daten: Bedienung vier Mann, Antrieb durch zwei Motoren mit je 131 kW (178 PS), Länge 11,35 m, Gewicht 21,5 t, Tragfähigkeit MLC 25 bis MLC 60.

Amphibisches Brücken- und Übersetzfahrzeug M 3 der EWK-Kaiserslautern. 1994 wurde ein Auftragsvolumen von 26 Fahrzeugen festgelegt. Das erste Serienfahrzeug wurde am 31. Oktober 1996 ausgeliefert. Techn. Daten: Länge über alles 12.822 mm, Breite (Seitenschwimmkörper eingelegt) 3350 mm, (Seitenschwimmkörper ausgeschwenkt) 6570 mm, Höhe 3930 mm, Höchstgeschwindigkeit Land/Wasser: 60/11 km/h, Antrieb: zwei Wasserstrahlantriebe im Hauptschwimmkörper, Nutzlast Brücke: Regellast MLC 70; Nutzlast Fähren: 2-fach Fähre MLC 70, 3-fach Fähre MLC 100.

Mit dem Minenverlegesystem MiVS 85 auf Einachs-Anhänger werden Minen offen oder verdeckt verlegt. Verlegeleistung: 500 m mit vier Minenreihen pro Stunde verdeckt, 1000 m mit vier Minenreihen pro Stunde offen verlegt. Ein Viertaktdieselmotor dient als Antrieb der eingebauten Hydraulikpumpe. Zugfahrzeug ist ein Lkw M.A.N 4520, 7 t mil gl.

Im Einsatz bei den Luftwaffenpionieren und den Startbahninstandsetzungsstaffeln steht der ab 1976 beschaffte Ahlmann-Radlader AS 12B.

Gepanzerter Schwenklader Ahlmann AS 12B mit Flächenräumsystem (FRG 1) zur Beseitigung von Kleinkampfmittel auf Start- und Landebahnen, Zufahrtswegen, Abstellplätzen und Sicherheitszonen.
Techn. Daten: Luftgekühlter Deutz-Diesel-Motor, Typ: BF6L 913, 109 kW (148 PS), Arbeitsfahrt: 0-14 km/h, Transportfahrt: 0-45 km/h, Räumbreite: 3500 mm.

Schweres Radplaniergerät ZD 3000 mit Winde der Firma Zettelmeyer. Beschafft wurde das Gerät ab 1981 für die Pioniertruppe. Das Bild zeigt die Ausführung mit modularem Schutz. Techn. Daten: 10-Zyl. Dieselmotor, 206 kW (280 PS), Radstand 3460 mm.

Die Ahlmann Mehrzweck-Erdarbeitsmaschinc AS 6M luftverladbar erfüllt die Forderung nach schneller Verlegbarkeit. Sie läßt sich als Außenlast am MTH CH 53 oder als Innenlast mit allen Anbaugeräten und dem zur Geräteausstattung gehörenden Anhänger der Firma Doll in einer Transall C 160 transportierten. Die AS 6 wird zum Bau von Straßen und Wegen, Lagerplätzen und behelfsmäßigen Landepisten - und deren Betrieb - eingesetzt. Mehrzweckschaufel, Hubgabel, Frontbagger und Lasthaken stehen als Anbaugeräte zur Verfügung. Die Übergabe an die Truppe erfolgte am 4. Dezember 1996.
Techn. Daten: KHD -Turbodieselmotor, 52 kW (71 PS), hydrostatischer Fahrantrieb, permanenter Allradantrieb und Allradlenkung.

Die Luftwaffenpioniere arbeiten mit dem Radbagger Z 216 der Firma Zeppelin-Sennebogen. Luftgekühlter-Dieselmotor 78 kW (106 PS), Radstand 2620 mm.

Für die Geländebetreuung auf Standortübungsplätzen wird der Ladebagger Kramer 416 CM eingesetzt. KHD-Dieselmotor 51 kW (70 PS), Radstand 2100 mm.

Für den Lager- und Straßenbau in Somalia wurden zwei Erdhobel der Fa. O&K, Typ F 516, angekauft und nach der Unternehmung für weitere Einsätze eingelagert. Dieselmotor 6128 cm³, 112 kW (152 PS), Radstand 5983+1544 mm.

Ab 1987 erhielt die Pioniertruppe die Mehrzweckraupe Liebherr LR 621B mit einem 88 kW-Dieselmotor (120 PS).

Die Vibrations-Tandemwalze SVTW 30 der NVA setzte die Bundeswehr in Somalia ein. Ihre Besonderheit: Die Walze läßt sich durch stufenloses Verändern der Vibration von 30 bis 50 Hz hervorragend den jeweiligen Arbeitsgegebenheiten anpassen. Hersteller waren die VEB Gatersleben.

Das Feldumschlaggerät FUG 2,5 Y4 von Steinbock-BOSS ist nicht nur als geländegängiger Gabelstapler im Einsatz. Es kann auch für den Winterdienst mit Schneeschieber ausgerüstet werden (Dieselmotor 78 kW/106 PS).

12.2. Lastanhänger

Das wirtschaftlichste Wehrmaterial ist jenes, das alle taktischen Forderungen erfüllt und dabei möglichst wenig kostet. Diese Forderung stand an, als das BWB 1974 damit begann, eine neue Kfz-Anhängergeneration zu planen.

Dieser Schritt wurde nötig, da eine Vielzahl der unterschiedlichsten Anhängertypen aus deutscher und auch U.S. Produktion, besonders aus den Anfangsjahren, zu einer fast unüberschaubaren Vielfalt führten. Auch die Kostenseite für Instandhaltung und der technische Zustand der Anhänger machten diesen Schritt der Neuentwicklung nötig.

Das Entwicklungsvorhaben für die Kraftfahrzeug-Transportanhänger-Folgegeneration in Eigenverantwortlichkeit durch das BWB umfaßte zunächst sieben Anhängertypen. Im Verlauf der Vorerprobung reduzierte das BWB jedoch auf vier Grundvarianten, wobei feststand, daß mit dieser Lösung nicht alle Forderungen der Truppe erfüllt werden konnten. Unter Beibehaltung vorgegebener Systembaugruppen wurden für spezielle Waffen- und Gerätesysteme eine Reihe von Spezialanhänger entwickelt. Interessant ist, daß die Anhänger als Typbezeichnung eine BWB-Nummer erhielten und nicht den Namen des Herstellers. Hauptauftragnehmer für die 2-Rad-, 4-Rad-, 6-Rad- sowie Tiefladeanhänger ist die Firma Kässbohrer, es wurden aber auch andere Firmen beteiligt.

Mittlerweile sind die 1983/84 vorgestellten und in Folge eingeführten Anhänger der zweiten Generation in ausreichender Anzahl an die Truppe ausgeliefert, die sie für die verschiedensten Aufgaben einsetzt. Eine Besonderheit der neuen Anhängergeneration ist die Möglichkeit der Umrüstung der Zugöse und der elektrischen Anlage von 24 Volt auf 12 Volt, so daß die Anhänger auch an Zivil-Lastkraftwagen angeschlossen werden können. Die angestrebte Vereinheitlichung der baugleichen Teile wurde voll eingehalten (Stand 1994).

Eine nicht unbeträchtliche Anzahl von Anhängern übernahm die Bundeswehr von der ehemaligen NVA. Eingestuft in die Kategorien I und II, wurden sie gemäß der StVZO der Bundesrepublik Deutschland umgerüstet.

Lastanhänger 7 t, Typ BWB 2300122, für Übersetzmittel. Hersteller: Kässbohrer/Ulm. Der Lastanhänger ist mit Pontons des Hohlplattenbrückengerätes beladen.

Einachs-Wassertransportanhänger 1200 l der Folgegeneration, eingesetzt bei Sanitäts- und ABC-Einheiten.

Lastanhänger 1,5 t der Folgegeneration, Typ 2300127, der Firma Kögel. Der Mehrzweckaufbau dient zum Transport von Fernmelderüstsätzen, Antennenspiegeln und Stromerzeugeraggregaten.

Wasserentsalzungsanlage der Firma Berkefeld, verlastet auf Anhänger 1,5 t, Typ 2327, 1. Generation. Hersteller waren die Fahrzeugwerke Glas. Beschafft für den Bundeswehreinsatz in Somalia.

Der Kompoststreuer R 6000 mit einem Fassungsvermögen von 5 m³ und einer Ladefläche von 4500x2000x600 mm wurde 1991 bei der Maschinenfabrik Unsinn beschafft. Er findet Verwendung bei Standortverwaltungen mit Geländebetreuungsaufgaben zum Streuen von Kompost auf Wiesenflächen.

Kipperanhänger mit zweiteiliger Klapprampe, Typ ETK-TA 9,0, der Firma Müller-Mitteltal. Ab 1992 zum Fahrzeugtansport bei den landwirtschaftlichen Betriebsgruppen der Standortverwaltungen eingeführt. Die Nutzlast beträgt 5,9 t.

Lastanhänger 4 t der Folgegeneration, Typ 2300126. Hergestellt von der Firma Ackermann-Fruehauf. Der Anhänger wird zum Transport von Material und als Trägerfahrzeug für die unterschiedlichsten Rüstsätze eingesetzt. Auch die Firmen Kässbohrer und Schmitz wurden mit der Lieferung dieses Anhängertyps beauftragt.

Der Lastanhänger 7 t, Typ 2300228, der Folgegeneration wird von den Firmen Kögel, Kässbohrer, Schmitz und Blumhardt gefertigt. Mit seiner 6100 mm langen Ladefläche ist er baugleich mit dem 3-achsigen Lastanhänger 10 t. Für die Kabinenverladung sind zusätzliche Fixierpunkte vorhanden.

Bei Wehrbereichsverpflegungsämter steht der von Kögel gelieferte Lastanhänger 7 t mit Ladebordwand LB 1001 der Firma Meiller im Einsatz. Seine hellgrüne oder dunkelblaue Farbgebung läßt kaum noch eine Unterscheidung von Zivilanhängern zu.

Mit Einführung des PATRIOT-Systems führte die Luftwaffe einen 10-t-Lastanhänger von Kässbohrer mit Doppelhinterachse zur Erhöhung der Nutzlast ein. Der Lastanhänger mit seiner Ladefläche von 6095x2435 mm nimmt zwei oder vier FK-Container auf. Spezielle Halteschienen sind auf der Ladefläche aufgeschraubt. Um beim Abladen der Flugkörpercontainer eine größere Tritt- und Arbeitsfläche zu erhalten, können die Seitenwände waagerecht justiert werden. Pro FK-Staffel sind vier Anhänger vorhanden.

Containertransporter von Schmitz-Cargobull für 20-ft-Container. Beschafft wurden 20 Transporter für den Einsatz in Somalia. Als Zugmaschine dient der Mercedes Benz 2535 AS.

seacold
Y-241 917
DEUTSCHLAND

Den Sattelanhänger SCF 24, 6-Rad, von Schmitz-Cargobull setzt die Luftwaffe für den Transport folgender Container ein: 1x40 ft ISO, 2x20 ft ISO, 4x10 ft ISO, 1x20 ft ISO je mittig oder eine Kombination aus 10-ft- und 20-ft-Containern.

Lastanhänger 12,5 t für Container-Transport der Firma Kässbohrer, Typ VC14L. Im Marinearsenal Wilhelmshaven werden damit Versorgungscontainer für Schiffe transportiert.

Der Tiefladeanhänger Typ 2300217 von Kässbohrer zum Transport von Gabelstaplern wurde ab 1987 beschafft. Die Nutzlast beträgt 3,8 t, die Ladefläche mißt 4900x2490 mm.

Auf dem Tiefladeanhänger Typ 2300216, 15,5 t, wird die Mehrzweckraupe oder Schadgerät transportiert. Der Anhänger besitzt drei zwillingsbereifte Achsen und wird über abklappbare Rampen beladen, ist jedoch nur begrenzt geländegängig. Bei einer Länge von 9850 mm und einer Breite von 2500 mm wiegt er 5,3 t. Als Zugfahrzeug dient ein Lkw 7.

Mit dem Panzerbrückentransportanhänger, Typ 2300269, der Firma Kögel, können Panzerschnellbrücken als Paket zusammmengebaut oder zerlegt als 1/4- bis 4/4-teilig verlastet werden. Der Sechsradanhänger hat eine Länge von 11.830 mm und ein Leergewicht von 6,8 t. Normalerweise zum Transport der Panzerschnellbrücke BIBER genutzt, kann auch anderes Pioniermaterial transportiert werden.

Schwerlasttransporter ELEFANT, 4-achsiger Sattelanhänger für 52 t zum Transport von Schad-Panzern auf dem Gefechtsfeld. Ab 1970 entwickelt und ab 1978 beschafft. Während des Somaliaeinsatzes auch als Containertransporter genutzt.
Länge mit Zugmaschine 18.820 mm, Ladefläche 8115x3070 mm.

Sattelzug schwer, 56 t, für den Straßentransport von Großgerät wie LEOPARD 2 und FlaPz GEPARD. Als Zugmaschine für denTieflade-Sattelanhänger von Kässbohrer wird die leichtere Variantc dcs PzTrp SLT 50/2 ELEFANT, die Sattelzugmaschine FS 42.75/42 der Fa. FAUN, verwendet. Das Bild zeigt den Sattelzug mit einem Kpz T 72.

Mit dem Schwerlastanhänger TSCH MZAP 5523 A transportierte die Bundeswehr SPz BMP 1 zu Truppenübungsplätzen, da diese nicht nicht auf öffentlichen Straßen fahren durften. Nachdem die BMP 1 aus den Verbänden herausgelöst worden waren, verloren auch die Anhänger ihren Zweck und wurden ausgesondert. Die Nutzlast betrug 21 t, als Zugmaschine diente der Tatra 815 6x6.

Der Standard-Tiefladeanhänger der NVA für schweres Gerät war der P 50/80 der tschechischen Chrudim-Werke. Mit ihm wurden u.a. KPz T 54, T 55, T 72, Bergepanzer und schweres Pionier-gerät transportiert. Nach der Wende ging ein Großteil der Anhänger im Rahmen der Militärhilfe für die Alliierten an den Golf. Die verbliebenen Anhänger nutzt die Bundeswehr für ihre Transportverbände. Die Nutzlast beträgt 63 t. Als Zugmaschinen finden der Tatra 813, 8x8, oder der Tatra 815, 8x8, Verwendung.

Für den Somalia-Einsatz leaste die Bundeswehr sechs Tanksattelauflieger M 969 A1, 18.000 l, und 21 Wassertankauflieger von der US-Army. Als Sattelzugmaschine kam die ebenfalls geleaste US SZgM M 818 T zum Einsatz (siehe Seite 164).

Die Feldküche TFK 250 von Kärcher wird seit 1987 beschafft. Mit vier Garbehältern ausgestattet, kann sie innerhalb von zwei Stunden 250 Mann mit Mahlzeiten versorgen.

Der Transportanhänger Typ 230248 für das Motorboot M3 hat eine Tandemachse und einen Flachbettauflieger, ist in der Mitte abknickbar und besitzt eine durch Luftdruck betätigte Hydraulikanlage zum Kippen und Anheben der Anhängerbrücke. Der Anhänger läßt sich sowohl zum Transport des M-Boot 3 als auch der Ribbon-Faltschwimmbrücke einsetzen. Bei einer Länge von 9800 mm und einer Höhe (mit Boot) von 3400 mm beträgt das Gesammtgewicht 8,6 t.

12.3. Sonderfahrzeuge

Für Sonderaufgaben oder zu Erprobungszwecken hat die Bundeswehr seit jeher Sonderfahrzeuge im Bestand. Sie stammen meist aus Kleinserien von weniger bekannten Bundeswehr-Zulieferern, wie etwa dem Rasenmäher-Hersteller Hacko. Diese »sonstigen« Fahrzeuge machen so manchem Sammler (von Bildmaterial, Typenkunden usw.) das Leben schwer. Denn es ist für Außenstehende fast unmöglich, alle Neuzugänge zu erfassen.

Aus dem Bestand der NVA kamen eine Reihe von Schleppern, Hubfahrzeugen, Staplern und Kehrmaschinen zur Bundeswehr, die jedoch nicht alle eine Funktions- und Betriebssicherheitserlaubnis erhielten. Mittlerweile sind die meisten Fahrzeuge ausgesondert und durch Neuanschaffungen ersetzt worden.

Radschlepper F 106 für Luftfahrzeuge über 25 t der Firma Schopf. Mit dem ab 1983 beschafftem Fahrzeug werden Großflugzeuge, wie die Transall, auf dem Flugfeld bewegt.

Der Langgut-Gabelstapler AS 45/14 der Firma Baumann ist ein Seitenstapler mit einer Nutzlast von 4 t. Die Marine setzt ihn zum Transport von in Containern verpackten Torpedos ein.

Links: Der Iseki 3030 A wird seit 1993 als Zugfahrzeug (Kleintraktor) für die Geländebetreuung in Bundeswehrliegenschaften eingesetzt.

Rechts: Kleintransporter Multicar M 2510, ab 1979 von der NVA eingeführt. Die Fahrzeugwerke Waltershausen stellten den Typ in zahlreichen Varianten mit den unterschiedlichsten Anbausätzen her. Die Abbildung zeigt das Fahrzeug mit Kippaufbau und Plane zum Transport von Schüttgütern aller Art.
Techn. Daten: Motorleistung 33 kW (45 PS), Hubraum 1997 cm^3, 4-Zylinder Reihenmotor, Frontlenker, kippbar, Hinterachsantrieb 4x2, Steigfähigkeit 23%, max. Geschwindigkeit 50 km/h, zulässige Dauergeschwindigkeit 40 km/h, Fahrbereich 300 km, Radstand 1970 mm.

Literaturverzeichnis

Bücher und Vorschriften

Karl Anweiler/Rainer Blank
Die Rad- und Kettenfahrzeuge der Bundeswehr, 1956 – 1986
Podzun-Pallas Verlag, 1987

Michael Dünnebier
Lastkraftwagen und Busse der sozialistischen Länder
Transpress, VEB Verlag für Verkehrswesen, Berlin 1988

Die deutschen Krisenreaktionskräfte
CPM Communication Presse Marketing GmbH, St. Augustin
Informationsschriften des BMVg, IP-Stab, Bonn 1993

Jürgen Erbe/Peter Preylowski
Handbuch Ausrüstung Bundeswehr
Report Verlag, Frankfurt am Main/Bonn, 1997

K 054/3/074
Typen der Kraftfahrzeugtechnik
Kräder und Kraftfahrzeuge
Taktische und technische Angaben
Ministerium für nationale Verteidigung, 1990, DDR

Werner Oswald
Kraftfahrzeuge und Panzer der Reichswehr, Wehrmacht und Bundeswehr
Motorbuch-Verlag, Stuttgart, 15. Auflage 1995

Manfred Sadlowski
Handbuch der Bundeswehr und der Verteidigungsindustrie
Bernard & Graefe Verlag, Bonn 1995
F. M. von Senger und Etterlin/Wolfgang Schneider

Tanks of the World
Bernard & Graefe Verlag, Koblenz, 7. Auflage 1990

Walter J. Spielberger
Militärfahrzeuge Band 1 »Waffensysteme Leopard 1 und Leopard 2«
Motorbuch-Verlag, Stuttgart 1995

Weißbuch der Bundeswehr
BMVg, Bonn, ab 1971

ZDv 64/10
Abkürzungen für den Gebrauch in der Bundeswehr – Deutsche Abkürzungen
BMVg, Fü S IV 2, Bonn 1995

Archivunterlagen, Druckschriften, Prospekte von Ausrüstungsfirmen der Bundeswehr

Zeitschriften und Periodika

»Erkennungsblätter«,Umschau Verlag, Frankfurt a. M.

»Heer«, BMVg, Bonn, -1997

»Information für die Truppe«, BMVg, Fü S I 3, Bonn, -1997

»Kit«, Ausgaben 1988-1997

»Luftwaffe«, BMVg, Bonn, -1997

»MaK-Defense-Journal«, Krupp-MaK Hauszeitschrift, Kiel, ab1975

»Marine«, BMVg, Bonn, -1997

»Soldat + Technik«, Bonn, 1974-1997

»Modell-Fan«, Ausgaben 1976-1997

»Truppenpraxis«, Bonn -1997

»Wehrtechnik«, Bonn, 1974-1997

»Wehrtechnische Reports 1997«, REPORT Verlag, Frankfurt a. M.

Abkürzungsverzeichnis

AAR	Artillerie-Aufklärungs-Radar
ABC	Atomar, Biologisch, Chemisch (Abwehr)
ABV	Anti-Blockier-Verhinderung
Abw	Abwehr
ADLER	Artillerie-, Daten-, Lage und Einsatz-Rechnerverbund
AMF/L	Allied Mobile Force/Land
AOR	Artillerieortungsradar COBRA
AP	panzerbrechende Munition
AP-T	Hartkernmunition mit Leuchtspur
ARES	Artillerie-Raketen-Einsatz-System
ArtBeobPz	Artilleriebeobachtungspanzer
ArtMun	Artilleriemunition
AT	PanzerabwehrAufklPz
ATMAS	Atmosphärisches Meß- und Auswertesystem
AUTOKO	Automatisiertes Korpsstammnetz
BB	Geschoß mit Hohlboden zur Reichweitensteigerung
BGS	Bundesgrenzschutz
BiV	Bildverstärker
BK	Bordkanone
BMK	Bordmaschinenkanone
BMVg	Bundesministerium für Verteidigung
BPz	Bergepanzer
br	Bezeichnung für Überbreite
Brig	Brigade
BrLPz	Brückenlegepanzer
BWB	Bundesamt für Wehrtechnik und Beschaffung
COBRA	Counter-Battery-Radar
DEA	Daten Eingabe-Ausgabegerät
Div	Division
DKW	Deutscher-Kraftwagen
DL	Drehleiter

DOKA	Doppelkabine
ELINT	Electronic intelligence
EloKa	Elektronische Kampfführung
ESM	Schutzmaßnahme im elektromagnetischen Bereich
EWK	Eisenwerke Kaiserslautern
Faun	Fahrzeugfabrik Ansbach u. Nürnberg AG
FGR	Flugabwehr-Gefechtsstand-ROLAND
FGS	Flugabwehr-Gefechtsstand
FH	Feldhaubitze
Fjg	Feldjäger
FK	Flugkörper
FKan	Feldkanone
FKL	Fahrzeugkran, leicht
FKM	Fahrzeugkran, mittel
Fla	Flugabwehr
Flak	Flugabwehrkanone
FlakPz	Flugabwehrkanonenpanzer
FlaMG	Fliegerabwehrmaschinengewehr
FlaRakPz	Flugabwehrraketenpanzer
Flt	Feuerleit
FltPz	Fliegerleitpanzer
Fm	Fernmelde
FmPz	Fernmeldepanzer
FNA	Fahrzeugnavigationsanlage
Frad	Fahrrad
FRAG	Splittermunition
Fschr	Fernschreib
Fsp	Fernsprech
FTW	Flugfeldtankwagen
Fu	Funk
FüFuPz	Führungs-Funkpanzer
Fz	Fahrzeug
Geb	Gebirgs...
GebH	Gebirgshaubitze
GefGew	Gefechtsgewicht

GefStdPz	Gefechtsstandpanzer
gep	Gepanzert
GFK	Glasfaserverstärkter Kunststoff
gl	geländegängig
glW	Geländegängig mit Winde
GM	Generalmajor (Nur in Listen)
GMC	General Motors Corporation
gr	groß
GST	Gesellschaft für Systemtechnik
Haub	Haubitze
HAWK	Homing all the way killer
HE	Sprengmunition
HE-BB	Sprengmunition mit höherer Reichweite (Hohlboden)
HE-CP	Sprengmunition betonbrechend
HEP	Hauptentstrahlungs-, -entgiftungs-, -entseuchungsplatz
HEROS	Heeresführungs-Informations-System für die rechnergestützte Operationsführung inStäben
HF	Hochfrequenz
HF	Heeresflugabwehr
HS	Hispano Suiza
IFAB	Integrierte Feuerleitung Artillerie-Batterie
IFF	Identifikation-Freund-Feind
Inst	Instandsetzung
IR	Infrarot
IVECO	Industrial Vehicles Corporation
IWK	Industriewerk Kaiserslautern
Kan	Kanone
KanJPz	Kanonenjagdpanzer
Kdo	Kommando
Kdr	Kommandeur
KHD	Klöckner Humboldt Deutz
kl	klein
KOM	Kraftomnibus
Kp	Kompanie
KPz	Kampfpanzer
Krad	Kraftrad
KrKw	Krankenkraftwagen
KSE	Konferenz über die Sicherheit und Zusammenarbeit in Europa
KuKa	Keller & Knappich
kW	Kilowatt
KZO	Kleinfluggerät für Zielortung
l	Liter
LAK	Leicht absetzbarer Koffer
LARS	Leichtes Artillerie Raketen System
LDV	Lebensdauer verlängernde Maßnahmen
le	leicht
LFK	Lenkflugkörper
Lkw	Lastkraftwagen
LL	Luftlande
LLTr	Luftlandetruppen
m	mittel
MAD	Militärischer Abschirmdienst
M.A.N	Maschinenfabrik Augsburg-Nürnberg
MARS	Mittleres Artillerie Raketen System
max.	maximal
MBB	Messerschmidt-Bölkow-Blohm
MD	Magirus Deutz
MDSG	Material-Depot-Service-Gesellschaft
MES	Materialerhaltungsstufe
MFHG	Marinefliegerhorstgruppe
MfRakWf	Mehrfachraketenwerfer
MG	Maschinengewehr
MinRPz	Minenräumpanzer
MK	Maschinenkanone
MLC	Military Loading Class
MLRS	Mittleres Raketen System
MTH	Mittlerer Transporthubschrauber
MP	Maschinenpistole
Mrs	Mörser
MTW	Mannschaftstransportwagen
Mun	Munition
MWM	Motorenwerke Mannheim
NATO	North Atlantic Treaty Organisation
NVA	Nationale Volksarmee
O & K	Orenstein & Koppel
OpInfo	Operative Information
OZA	Optronische Zielortung Artillerie
PERI	Periskop
Pi	Pionier
PiGrp	Piongruppe
PiPz	Pionierpanzer
Pkw	Personenkraftwagen

PSV	Psychologische Verteidigung
Pz	Panzer
PzAbwLFK	Panzerabwehrlenkflugkörper
PzAbwMi	Panzerabwehrmine
PzAufkl	Panzeraufklärung
PZB	Panzer Ziel- und Beobachtungsgerät
PzH	Panzerhaubitze
PzMrs	Panzermörser
Rak	Rakete
RakJPz	Raketenjagdpanzer
RAP	Munition mit Raketenzusatzantrieb
REMUS	Rechnergestütztes, einheitliches Meß- und Prüfsystem
Rgt	Regiment
RGW	Rat für gegenseitige Wirtschaftshilfe
Rifu	Richtfunk
RKL	Rundumkennleuchte
San	(SAN) Sanitäts...
SanPz	Sanitätspanzer
SEA	Stromerzeugungsaggregat
SEL	Standard Elektrik Lorenz
SEM	Sender/Empfänger, mobil
SF	Selbstfahrend
sFKan	schwere Feldkanone
SLT	Schwerlasttransporter
SPz	Schützenpanzer
StOV	Standortverwaltung
StVZO	Straßenverkehrszulassungsordnung
STW	Straßentankwagen
SZgM	Sattelzugmaschine

t	Tonne(n)
Teha	Toussaint u. Hess
TGG	Transport gefährlicher Güter
TLF	Tanklöschfahrzeug
TM	Tactical Missile
tmil	teilmilitarisiert (Sonderentwicklung bei Kraftfahrzeugen)
TOW	Tube launched, optically tracked, wire command link guided
TPz	Transportpanzer
TRM-L	Tactical Radar Mobile-Low Flying Targets
TroLF	Trockenlöschfahrzeug
TrspPz	Transportpanzer
TVM	Track-Via-Missile (Kommandolenkverfahren mit halbaktiver Zielsuchlenkung)
UHF	Ultra High Frequence
UKW	Ultra Kurz Welle
UN	United Nations
VEB	Volkseigener Betrieb
VEBEG	Verwertungsgesellschaft
Vers	Versorgung
VHF	Very High Frequence
VN	Vereinte Nationen (= UN)
VW	Volkswagen
WBG	Wärmebildgerät
WBV	Wehrbereichsverwaltung
WEU	Westeuropäische Union
Wilhag	Wilhelm Hagenkamp AG
WMi	Wurfminen
ZgM	Zugmaschine
Zyl.	Zylinder

MILITÄRFAHRZEUGE

Die einmalige Reihe zur deutschen Heeresmotorisierung von WALTER J. SPIELBERGER

Walter J. Spielberger ist der international anerkannte Fachmann auf dem Gebiet der deutschen Panzerentwicklung und der Heeresmotorisierung. Seine bis heute 16 Bände umfassende Dokumentations-Reihe »Militärfahrzeuge« zeichnet sich durch genau recherchierte Texte aus. Die Fülle seltener, teils farbiger Fotos sowie exakte Riß- und Detailzeichnungen bieten bestes Anschauungsmaterial.

Waffensysteme Leopard 1 und Leopard 2
400 Seiten, 473 sw-Abb., 37 Farbabb., 60 Zeichn., geb.
DM 78,–/sFr 72,–/öS 569,–
Band 1 Bestell-Nr. 01655

Die Panzer-Kampfwagen I und II und ihre Abarten
164 Seiten, 212 Abb., geb.
DM 59,–/sFr 54,50/öS 431,–
Band 2 Bestell-Nr. 10335

Der Panzer-Kampfwagen III und seine Abarten
168 Seiten, 215 Abb., 9 Farbabb., geb.
DM 59,–/sFr 54,50/öS 431,–
Band 3 Bestell-Nr. 10336

Die gepanzerten Radfahrzeuge des deutschen Heeres 1905–1945
168 Seiten, 224 Abb., 7 Farbabb., geb.
DM 69,–/sFr 63,50/öS 504,–
Band 4 Bestell-Nr. 10337

Der Panzer-Kampfwagen IV und seine Abarten
164 Seiten, 398 Abb., 7 Farbabb., geb.
DM 59,–/sFr 54,50/öS 431,–
Band 5 Bestell-Nr. 10402

Die Halbketten-Fahrzeuge des deutschen Heeres 1909–1945
172 Seiten, 383 Abb., 8 Farbabb., geb.
DM 59,–/sFr 54,50/öS 431,–
Band 6 Bestell-Nr. 10403

Der Panzer-Kampfwagen Tiger und seine Abarten
220 Seiten, 628 Abb., 6 Farbabb., geb.
DM 59,–/sFr 54,50/öS 431,–
Band 7 Bestell-Nr. 10456

Spezial-Panzerfahrzeuge des deutschen Heeres
156 Seiten, 280 Abb., 5 Farbabb., geb.
DM 59,–/sFr 54,50/öS 431,–
Band 8 Bestell-Nr. 10457

Der Panzer-Kampfwagen Panther u. seine Abarten
288 Seiten, 468 Abb., 14 Farbabb., geb.
DM 69,–/sFr 63,50/öS 504,–
Band 9 Bestell-Nr. 10527

Die Rad- und Vollketten-Zugmaschinen des deutschen Heeres 1871–1945
216 Seiten, 348 Abb., 5 Farbabb., geb.
DM 69,–/sFr 63,50/öS 504,–
Band 10 Bestell-Nr. 10528

Die Panzer-Kampfwagen 35 (t) und 38 (t) und ihre Abarten 1920–1945
408 Seiten, 720 Abb., geb.
DM 78,–/sFr 72,–/öS 569,–
Band 11 Bestell-Nr. 10708

Beute-Kraftfahrzeuge und -Panzer der deutschen Wehrmacht
326 Seiten, 698 Abb., geb.
DM 69,–/sFr 63,50/öS 504,–
Band 12 Bestell-Nr. 01255

Sturmgeschütze Entwicklung und Fertigung der sPak
350 Seiten, 500 Abb., geb.
DM 69,–/sFr 63,50/öS 504,–
Band 13 Bestell-Nr. 01356

Leichte Jagdpanzer
200 Seiten, 305 Abb., geb.
DM 69,–/sFr 63,50/öS 504,–
Band 14 Bestell-Nr. 01428

Schwere Jagdpanzer
204 Seiten, 241 Abb., geb.
DM 69,–/sFr 63,50/öS 504,–
Band 15 Bestell-Nr. 01517

Die Kampfpanzer der NVA
208 Seiten, 75 sw-Abb., 140 Zeichn., geb.
DM 69,–/sFr 63,50/öS 504,–
Band 16 Bestell-Nr. 01759

Motor buch Verlag

IHR VERLAG FÜR WAFFEN-BÜCHER

Postfach 10 37 43 · 70032 Stuttgart
Telefon (0711) 2108065
Telefax (0711) 2108070

Fahrzeuge, Ausrüstung und Bewaffnung

Janusz Piekalkiewicz
Der VW-Kübelwagen Typ 82
im Zweiten Weltkrieg
Technik und Entwicklung sowie seine Einsätze an allen Fronten.
192 Seiten, 200 sw-Abb., geb.
DM 29,80/sFr 29,80/öS 218,–
Bestell-Nr. 10468

Rauch/Sengfelder
Zündapp KS 750
Das überschwere Gespann-Krad mit angetriebenem Seitenwagenrad. Ein Schrader-Reprint.
224 Seiten, 211 sw-Abb., brosch.
DM 29,80/sFr 29,80/öS 218,–
Bestell-Nr. 87156

Werner Oswald
Kraftfahrzeuge und Panzer
der Reichswehr,
Wehrmacht und Bundeswehr
664 Seiten, 1228 sw-Abb.,
11 Zeichnungen, geb.
DM 69,–/sFr 63,50/öS 504,–
Bestell-Nr. 10850

Klaus Christian Richter
Die bespannten Truppen der Wehrmacht
Ihre Einsätze in Wort und Bild.
156 Seiten, 186 sw-Abb.,
16 Farbabb., 23 Zeichnungen, geb.
DM 49,80/sFr 47,50/öS 364,–
Bestell-Nr. 01794

Hans-Dieter Götz
Die deutschen Militärgewehre und Maschinenpistolen 1871–1945
Mit ausführlichen Beschreibungen aller Modelle.
248 Seiten, 273 Abb., geb.
DM 59,–/sFr 54,50/öS 431,–
Bestell-Nr. 10350

Ian V. Hogg
Die deutschen Pistolen
und Revolver 1871–1945
Dieses Werk besticht durch detaillierte Angaben und Daten.
208 Seiten, 216 Abb., geb.
DM 49,80/sFr 47,50/öS 364,–
Bestell-Nr. 10259

Schlicht/Angolia
Die Deutsche Wehrmacht
Uniformierung und Ausrüstung
1933–1945
Band 1: Das Heer
Vom Ärmelstreifen über den Waffenrock bis zum Brotbeutel und der Truppenfahne. Mit beispielloser Akribie stellen die Autoren sämtliche Ausrüstungs-Varianten in Bild und Text vor.
600 Seiten, 850 Abb., geb.
DM 78,–/sFr 72,–/öS 569,–
Bestell-Nr. 01390

Schlicht/Angolia
Die Deutsche Wehrmacht
Uniformierung und Ausrüstung
1933–1945
Band 2: Die Kriegsmarine
Vom Leichtmatrosen bis zum Admiral: Alle Uniformen, Uniformteile und Ausrüstungsgegenstände, die damals in der deutschen Kriegsmarine geführt wurden.
568 Seiten, 820 Abb., geb.
DM 78,–/sFr 72,–/öS 569,–
Bestell-Nr. 01656

Motor buch Verlag | Schrader Verlag

IHRE VERLAGE FÜR
ZEITGESCHICHTE

Postfach 10 37 43 · 70032 Stuttgart
Telefon (0711) 2108065
Telefax (0711) 2108070

18